定刻主義者の歩み

中山研一

成文堂

人の一生は重荷を負て
遠き道をゆくがごとし

天神さまの
牛にもたれて
夢見る童子

洛西 長岡天神在 研一

はしがき

本書は、ちょうど二〇年前の「還暦」の機会に、『一定刻主義者の歩み』と題する小冊子（一九八七年、成文堂、非売品）を書いて、祝賀会に参加して頂いた方々に差し上げたものを基にして、今回これに大幅な補正を加えたもので、今年八〇歳の「傘寿」の機会に、今回も祝賀会に来ていただいた方々に差し上げるとともに、これを公刊して、一般の読者にも公開したいと考えています。

今回の本は、「定刻主義者」（本書九四頁参照）としての「自分史」を随想風につづったもので、旧著にあった専門の研究業績に関する部分や著作目録などはいっさい削除しました。それでも、前著が一九〇頁であったのに対して、本書は二七〇頁にまで増えてかなり大きなものになりました。その理由は、後でも述べますように、最近の二年間くらいの間にパソコンの「ブログ」に書いたものから、かなり多くのものを補充したからですが、それでもできるだけ厳選して、なるべく分厚くならないように努力しました。

以下では、本書を読んで下さる人のために、本書の構成や趣旨などの点について、あらかじめいくつかの点を指摘し、おことわりもしておきたいと思います。

第一は、本書の構成という点ですが、第一章から第一〇章までは、余呉小学校時代から始まって、虎姫中学校の時代、清水高等商船学校の時代、旧制静岡高等学校の時代、京都大学法学部の学生・院生の時代、京都大学法学部在籍の時代、大阪市立大学在籍の時代、北陸大学在籍の時代まで、そしてその後定年後の一〇年間を加えて、現在までの「歩み」をフォローしています。そして、個別的な話題としては、法科大学院のこと、若狭の賢者の話、そして最後は亡妻の思い出で、締めくくりました。

第二は、本書に取り上げた素材の点ですが、旧版の中からは、中学時代の作文などを含めて、随想風の数点に若干の補正を加えて本書に収録し、あとの部分は割愛しました。そして、新しく加えたのは、その大部分がこの二-三年間に「ブログ」に書いたものから転載したものです。驚いたことに、「ブログ」の記事の本来の数は膨大なもので、結果的にはその一部のみを本書に収録したことになります。

第三は、本書の主題に関する点ですが、「定刻主義者の歩み」と題するもので、自分の目から見た「体験記」という性格をもっています。このような形で「自分史」をまとめたいという希望は、かなり前から持っていたのですが、その大まかな筋道は二〇〇〇年に北陸大学を定年退職した際の最終講義（「私の歩んだ道—刑法との出合い」北陸法学七巻四号、二〇〇〇年三月）の中に現れています。本書の記述のうち、出典の書かれていない説明的な文章は、大部分がこの最終講義の記述を踏襲したものであります。

第四は、添付された写真類に関するものですが、これらは写真の乏しい時代のものを含めて、苦労して集めたものです。なお、写真以外に、本書のあちこちに散在していますす挿絵の類は、旧著以来、亡妻がいろんな機会に書き残していたものを拾い集めた遺品です。

その意味でも、本書を、まずは亡き妻に捧げたいと思います。

なお、本書の企画と作成もまた、旧著と同様に、成文堂の阿部耕一社長のご後援と土子三男氏の全面的なご協力のもとに誕生したものであることを、記しておかなければなりません。深く感謝いたします。

本書では、自分の私事とプライバシーをかなり明らかにしましたが、他人のプライバシーを侵すことがないよう注意したつもりです。写真を掲載させて頂いた方々にご海容をお願いするとともに、とくに、妻の死を悼む記事の中で「千の風になって」を引用したことについては、著者のご了解を得たいと思います。

本書が、とくに若い世代の方々の生き方に対して、何らかの参考になれば幸いだと思います。

二〇〇七年一一月

中山研一

『定刻主義者の歩み』　目次

一　余呉小学校時代

はじめに

私は、滋賀県の最北端にある余呉湖のほとりの「余呉村」（現在は余呉町）という小さな寒村で、昭和二年（一九二七年）一月九日に生まれました。大正天皇は大正一五年一二月二五日に亡くなり、昭和元年はその年の年末までの数日、その翌年からは昭和二年ですので、まさに昭和が始まったばかりという時期です。

ただし、当時は父が大阪の工業奨励館というところに働きに出て、大阪に住んでいましたので、私は幼稚園と小学校一年生までは大阪に在住し、大阪市北区上福島尋常高等小学校に在籍していました。ずっと後になってから跡地らしきところを探しましたが、この学校は戦災で焼失してしまい、記録は何も残っていませんでした。

二年生のときから、親に連れられて郷里の余呉村に帰り、滋賀県伊香郡余呉尋常高等小学校に転校し、六年生までの小学生の生活を田舎で過ごしました。山間の小さな部落で、冬は雪が何メ

古き日の余呉湖

ートルも積もり、屋根の雪落しをし、深い雪に埋もれたまま春まで消えない細い雪の道を毎日歩いて学校まで通学しました。

小学校は男女共学で、五〇人くらいのクラスだったと思いますが、最初は都会からの転校生として、なかなかなじめず、孤立感を味わったこともありました。金ボタンの洋服に半ズボンといった都会風の服装などは、恥ずかしくてすぐにあきらめました。貧しい農村の子供が学校にもってくる弁当は、ほとんどが文字通りの「日の丸弁当」(梅干一個)であったことを今でも思い出しますが、みんな結構たのしく遊んだものです。

二年生の担任が東野よしを先生、三年生と四年生が東野こずえ先生、五年生と六年生が丹生三郎先生で、どなたも親切な良い先生でした。中学への受験指導を受けた丹生三郎先生は、熱血漢でしたが、若くして亡くなられました。しかし、東野よしを先生

幼かりし頃の思いで（大阪神子田幼稚園学芸会「一寸法師」中央６歳）

と東野こずえ先生はともにご長命で、晩年になってから何回かお宅まで伺って、昔の小学校時代のことをお聞きしたことがあります。

父は祖父から継いだ三等郵便局長をしていましたので、自宅前の郵便局舎に入って郵便スタンプを押す仕事を手伝ったりしましたが、父が郵便局を辞めてからは、田畑の農作業や山の材木から燃料の割木を作る仕事などを、学校から帰ったら手伝ったものです。

小学校のクラス会は、還暦のころに一度、余呉湖畔の施設で開かれたことがありますが、その後はご無沙汰の状態が続いています。

私の学業成績（小学校）

私の研究業績については、そのつど公表されていますが、学業成績についても、この機会に、歴史的な記録として書きとめて、参考に供したいと思います。

第一は、小学校の学業成績ですが、一学年に在籍した大阪市北区上福島尋常高等小学校の校舎は戦災のために焼失しましたので、成績簿も見当たらず復元できません。二学年から六学年までの学業成績（五頁）は、滋賀県伊香郡余呉尋常高等小学校に在学したときの記録です。入学は、昭和九年（一九三四年）一二月四日、卒業は昭和一四年（一九三九年）三月二五日となっています。

小学校入学当時、兄（５年）と共に
（大阪北区上福島の自宅玄関にて）

なお、在学中の欠席日数は病気・事故とも一日もなく、皆出席となっており、身体検査にも異常は記録されていませんでした。

戦前ですから、すでに小学校の段階から「修身」とか「操行」いう課目があったことが注目さ

れます。当時は、「操行善良学芸優等」が模範とされていたのです。（ブログ二〇〇六・六・二六）

課目／学年	修身	国語	算術	国史	地理	理科	図画	唱歌	体操	手工	評定	操行
二学年	甲	甲	甲				甲	乙	乙	甲	甲	甲
三学年	甲	甲	甲				甲	甲	甲	甲	甲	甲
四学年	九	九	十			九	九	九	九	九	甲	甲
五学年	九	九	九	九	九	九	九	九	九	九	甲	甲
六学年	九	九	九	九	九	九	九	九	九	九	／	優

二　虎姫中学校時代

はじめに

　小学校は六年間でしたが、大部分の者はあと二年間の高等科で終わり、中等学校（中学校、商業学校、農業学校等）に進学する者はごく少数でした。私は、県立の虎姫中学というところに進みましたが、これは滋賀県の最も北部にある中学で、これ以外に選択する余地は最初からありませんでした。それでも、鉄道で三〇分程の通学で、家からは約一時間を要しました。

　中学は、昭和一四年から一九年までの五年間ですが、その間にもっとも深刻だった衝撃は、昭和一六年一二月八日の太平洋戦争の勃発という事件でした。校長が全校生徒を集めて訓示をした後で、暗幕のはられた講堂で、真珠湾攻撃の映像を見ました。満州事変や支那事変によるアジア侵攻から、いよいよ欧米の列強を相手とする全面戦争にまで拡大することになったのです。

　私は、本能的に徴兵が近いことを感じ、戦争がひとごとでなくわが身に迫ってくる思いがしました。すでに三年生から軍事教練が始まっていましたが、まだ銃の持ち方にも構え方にも慣れず、身を伏せた状態で重い銃身を長く支える力もない少年には、逃げ場のない暗雲が立ち込める思いでしたが、それでも弱気を見せることは許されませんでした。心の中では、どうして徴兵義務のない女子に生まれなかったのかとひそかに嘆いていたのですが……。

しかし、そのような暗い運命を忘れさせてくれるものが、二つありました。一つは学校での授業で、体操や柔道などは苦手でしたが、英語や地理や歴史、国語や漢文の授業はたのしく興味のあるものでした。あの頃の年代では、教科書をそのまま暗記することもできるくらいの記憶力があったのです。数学は何とか理解できましたが、生物の動物実験には生理的な抵抗があり、昆虫の標本作りにも心が進みませんでした。とくに機械的な工作は全く不得手で、これが今でも機械に弱い原因かと思われます。音楽や習字はまあまあでしたが、図画は不得手でした。作文も大の苦手でしたが、なぜか文章を書く仕事につくようになったのは不思議なものだと思います。

虎姫中学校２年生

もう一つ、中学時代には、課外（クラブ）活動として、野球部に属して、二年生から四年生までの間、かなり熱心に練習に励み、対向試合にもレギュラーとして出場したという経験があります。これは、兄の影響で子供の頃からキャッチボールの相手をしていたのが原因ですが、野球部に入ったのは、軍事的色彩のある射撃訓練とか、体格や体力を要する柔剣道、それに水が恐くて最初から敬遠していた水泳訓練などを避けたいという隠れた動機のほかに、当時すでに大学野球やプロ野球にも興味をもっていて、ラジオの実況を聞いて記録をメモするなど、ルールに関する知識もかなりもっていたからではないかと思います。虎姫中学の野球部は田舎の弱小チームでしたが、当時の全国中等学校野球大会（甲子園）に向けた県の予選大会に出場すべく、毎日放課後のグランドで汗を流すという体験をしました。

そこから得られた教訓としては、コンスタントに実力を磨くということ、忍耐力を養成して辛抱強く諦めないこと、フェーア・プレーの精神に徹することなどの点があげられますが、その反面として、運動部に根強くはびこる「しごき」の悪い伝統を払拭することの必要性も実感していました。しかし、この野球部も、戦時色が濃くなるにつれて、野球そのものが敵性国家の球技であるという理由で次第に抑圧され、五年生の時には解散させられてしまいました。中学校にも配属されていた「特務将校」が、生徒の軍師教練をとりしきるとともに、学校の規律一般を支配し、とくに野球部は従順でないとして睨まれていたのです。手榴弾の投擲訓練をはじめ、陸軍の演習場で徹夜での夜間訓練まで定期的に行われる中で、私は一時グライダー部に入っていたこともありました。

一方、戦時色が濃くなる中で、中学卒業後の進路が問題となりはじめていました。そのまま就職するという希望の者もいましたが、上級学校への受験を目指した準備のための模擬試験も行わ

滋賀県立虎姫中学校校章
（同級生の沢藤昭君の作）

れていました。私は旧制高校への進学を目指してはいましたが、全国レベルから見れば低い田舎の中学というハンディをも自覚して、また将来の徴兵猶予の可能性の低さも考慮して、予備役である「高等商船学校」の受験も並行して考えていました。

　結果は、しかし、前者の高校受験の道は失敗し、後者の高等商船入学の道のみを残して、私の中学時代は終わりをつげたのです。それは、敗戦の一年前の昭和一九年三月のことでした。卒業式は行われ、その折りの記念写真は残っていますが、誰がどこに行くようになったのか、また実際にどこに行ったのか、互いにほとんどわからず、知らないままに、一〇〇名におよぶ同級生達は散り散りになって、それぞれの場で「戦争」へと対面させられていったのです。

伊勢神宮に代参して

神宮代参の記

国を賭しての大戦争下にありながらわれわれ学徒には何の不安もなく、さしたる不自由もなく学業にいそしむことの出来るのは何たる幸福であらう。これ偏に御稜威の然らしむところ、皇祖皇宗の御加護にあらずして何ぞや。誠に神国日本に生れた有難さである。爰に新なる学年を迎へ或は新入学の喜びを重ねるに際し、これを神宮に御報告申上げ御礼の誠をあらはし更に新なる一学年を精励すべきことを誓ひ愈々学業の前途に照覧を垂れ給はむことを祈念する為に各学年一名宛の代参者を出すことになった。選ばれた者は誠心誠意よくその任を果し、全生徒のためにお守りを戴いて帰って来た。左に掲げるのはその代参記である。

虎姫中学校五年　中山研一

四月二一四日午前一〇時五分、諸先生始め多数の校友諸君の心からなる御見送りを後に、我々一行は、この重大な使命を無事に果せる様にと心中深く念じつつ車中の人となる。空はあくまで青く、うららかな春の日光のふりそそぐ中を汽車は只管驀進を続けて行く。長い冬の陰鬱から解放

伊勢神宮代参記念（昭和18年４月25日、中央が筆者）

され、一面に希望に溢れる春景色は、どんなに又いつまで見て居ても飽き足りない。途中、米原、名古屋でのりかえ、一路目ざす伊勢へ――。かくして山田に印象深き第一歩を刻んだのは午後三時四〇分、花曇りの空に飛行機が唯一機、悠々と飛んで居た。堂々と隊伍を組んで、市内を闊歩、外宮に向う。はるか彼方に第一鳥居を拝する時、自ら襟を正し、身も心もひきしまるのを覚える。心中ただ神秘感に浸りながら、清々しい参道を進んで行く。やがて拝殿前に到着、神々しさのため、すべてを忘れただ感慨無量の境地が続いた。かくて外宮を辞し内宮に向ふ。宇治橋を渡れば、誰一人として口を開くものもない。話そうと思っても話せない――否、話そうとさえ思わないのだ。沈黙の中に、この皇国に生を享けた力強き幸福を、神域の玉砂利を踏みしめながら覚えるのだった。五十鈴川の清流に、手を洗い、心の塵を払い、高く聳える神杉の間をただ無言で進む。神の前に立つ時、なお一層の神々しさが、ひしひしと胸に迫り、一種不可思議な感激の湧き上って来るのを覚える。六時過ぎ漸く二見の宿所に到着。室の窓を開けば、前は松林を通して一面の滄海だ。漸く夕闇迫らんとする海の光景殊に夕日に輝くさざ波を見た瞬間、一日の疲れもすっかり忘れてしまった。

明けて二五日、四時半起床、快い朝風を衝いて日の出を拝みに出掛ける。朝の海景色も又格別で、霧のため未だ眠っているような海面は、日の出前の静けさを保って居る。かくして五時一〇分、太陽は徐ろにその勇姿を現わし始めた。実に神々しい一瞬だ。壮観そのものだ。

七時過ぎ、宿所出発、内宮に向う。清々しい而も緊張した面持で、再び玉砂利を踏む。一歩一歩進む毎に、神々しさ愈々加わり一種の威霊を感じる。空高く聳える神杉の間から、力強くたくましい御正殿の建物が拝せられ、周囲の自然美と和して、神々しさは愈々加わって行く。長い間、神前にぬかづき、絶対の神に対する人間の心からなる誠を捧げた。所々に神鶏を見受けつつ、未だ醒めきらぬ興奮の中に内宮を辞し、ここに大任を終えて、お守り箱を先頭に、帰途についた。

（虎姫中学校校誌「校友」第五五号、昭和一八年七月二四日）

野球部の思い出

私は、子どもの頃から、五歳上の兄のキャッチボールの相手をしていたこともあって、小学校の低学年の頃から野球に興味がありました。そして、旧制中学では、兄の後を追って、二年生のときから野球部に入って、継続的な練習に汗を流した経験があります。今の全国高校野球大会の前身である全国中等学校野球大会にも参加しましたが、いつも県大会の予選で敗退するという弱いチームでした。しかし、グランドの球拾いから出発してレギュラーにまで育って行く過程を少年時代に体験したことは、決して無駄ではなかったと思っています。当時の私は、プロ野球にも興味をもっていましたが（巨人軍の川上）、大学野球の方がもっと人気が高く（早慶戦でなぜか早稲田を応援）、ラジオ放送を聞きながらスコアブックに記録するという熱心さでした。

ところが、大東亜戦争に入るとともに、野球は敵性スポーツであるとして批判され、私どもの野球部も、私が四年生の昭和一七年頃には、とうとう解散に追いやられてしまいました。柔道や剣道や銃剣術などが好きでなかった私は、大変困った末に、グライダー部に入りました。もっとも、地上の整備作業に従事しただけで、グライダーで空を飛ぶという危険な試みは、結局最後まで一度も体験しないままに終わりました。

戦後は、野球が解禁されましたが、高等商船学校で少し練習を続けただけで、高校と大学では

虎姫中学校野球部解散記念（虎中グランドにて、左から５人目が筆者）

その余裕もなく、むしろ大学に残ってから、教員の対抗戦に出て腕試しをした思い出が残っています。プロ野球の方も、今は、巨人が嫌いなだけで、あとはどこが勝っても気にならなくなりました。（ブログ二〇〇五・七・一一）

母校の野球部便り

毎年七月になると、全国高校野球の全国大会に向けた地方の予選試合が始まりますが、今年も、母校の滋賀県立虎姫高校から、「野球部便り」が送られてきました。これは、野球部ＯＢに対する連絡と募金を目的としたものですが、かつての青春時代を思い起こすなつかしい機会となっています。

今年は、第八八回全国高校野球選手権滋賀大会に当たり、初戦は湖東スタジアムで七月一七日に八日市高校と対戦するということです。虎姫高校野球部は、昭和二三年以後の夏の大会は、二三勝三四敗、硬式復活後の夏の大会は、二六勝三一敗という成績になっているとのことです。

この便りでは、現在の三年生は、硬式野球部復活後三〇年の節目を迎える学年に当たり、その三年生を中心に、四〇名をこえる生徒たちが夏の一勝を目指して、汗と泥にまみれていますと記載されています。

私自身が野球部に関係していたのは、戦前の旧制虎姫中学の時代でした。当時は滋賀県のもっとも北はずれの県立中学として、県の大会に出場したのですが、一回戦でのコールド負けという苦い経験をしたことを思い出します。しかし、その結果にくじけることなく、また来年に挑戦するという夢と心意気を失わずに、日々の練習に励むという地味な努力のなかから、大切な何事かを学んだように思います。その歴史は現在にも生きているのです。

このブログを通じて、母校の虎姫高校の球児たちに、心からのエールを送りたいと思います。学業との両立という重要な課題にも、賢明に立ち向かって下さい。また機会があれば、母校のグランドに降り立って、昔を偲びたいと思います。(ブログ二〇〇六・七・一〇)

虎中時代の私

私は、平成九年一月九日に満七〇歳の古稀を迎える。一〇年前の還暦の際には、それまでの業績や随想などをまとめて「一定刻主義者の歩み」という小冊子を作ったが、今回は子供の頃からの「自分史」をまとめたいと思ってその作業に着手している。

しかし、中学時代はもう半世紀以上も昔のことなので、自分のことであっても、断片的で不正確な記憶しか残っていない。日記や写真をはじめ、記録として復元できるものはほとんど残っていないのが残念である。しかし、おぼろげな記憶を辿りながら、この機会に当時自分の歩んだ道を部分的に復元してみたい。

まず、入学当時の印象として残っているのは、学業の面では、一年の一学期が終わった段階で、担任の小西邦太郎先生から、成績は良好なので引き続き頑張りなさいと励まされたことである。入試には無事合格したものの、敦賀や長浜などから集まった優れた級友たちに伍して行けるかどうか心配であっただけに、スタートとしては上首尾であったといってよい。科目としては、英語が新しい科目で一番興味があったし、地理も歴史も好きだったが、国語では作文が苦手であり、数学はやや不得手だったように思う。

一方、体育は、体が小さく臆病だったので、成績も悪かったが、しかし兄がすでに五年生に在学中で野球部に所属していた関係で、課外活動として野球部に入ることになった。入部テストのときには、体に合うユニフォームがなく、ダブダブのユニフォーム姿で笑われたことを覚えている。しかし、野球部の生活は、体を鍛え忍耐心を養う上で、私にとって大きなプラスになった。放課後の毎日の練習は、苦しいこともあり、帰宅の時刻はかなり遅くなったが、ハンディを克服して学業との両立をはかるために、限られた時間を有効に使う要領を人よりも早く身につけるのに役立ったと思う。

しかし、野球を除けば、正科となっていた体操や柔道は不得手であり、とくに柔道の時間は気が進まなかった。とくに冬の寒稽古のシーズンは、素足が冷たい畳に触れて感触を失い、寝業の恰好をして苦痛を忍びじっと時間の経過を待つだけであった。今から考えると、それは体質的な冷え症からくる苦しい試練の期間であったと思われる。また、うつ伏せの姿勢をとりながら、小さい体と細い腕でずっしりと重い銃を構えるという教練の時間も、要領を知らない最初のうちは、苦痛に満ちたものであった。

私は、生来の臆病心から、海や川に近づかず、水泳を避けてきたが、幸い、野球部に所属していた関係で、毎夏の琵琶湖での水泳試練への参加を免れることができた。その期間、グランドで汗を流していたのである。しかし、そのことが後に、中学卒業後、皮肉にも海の学校である高等商船学校に入ることになったとき、全く泳げなかったことが決定的なマイナスとしてはねかえってくることになろうとは思っても見なかった。これも、戦争がもたらした運命の悪戯であったといえよう。

三年生のとき、太平洋戦争が始まり、暗幕を張った講堂で真珠湾攻撃の映画を見せられたことが思い出される。それ以後、学校生活にも戦時色がいよいよ濃くなって行き、受験戦線の中でも、陸士、海兵、予科練への志願が積極的に奨励されるようになった。

しかし、四年生のときはまだ一般的な上級学校への受験準備が支配的であって、学校も四年生と五年生を対象とした模擬試験が定期的に実施されていた。私も旧制高校の受験を目指して勉強していたが、模擬試験の成績が五年生よりも上位になったことで、内心自信を深めていた。しかし、四年生からの受験は結局失敗に終わった。数学でミスをおかしたのが原因だったと思われる。

五年生になると、状況はいっそうきびしくなり、文科系の学生には徴兵猶予がなくなると聞いて動揺し、無理を承知で理科系に方針を変えたことがかえって仇になった。その結果、結局は、やむなく受験した高等商船学校に進学する道だけが残り、それでもなお就学を逡巡していたものの、東京の軍需工場への徴用令が来るに及んで、浪人をあきらめ、本来予想しなかった道を歩むことになった。

しかし、虎姫中学での五年間の生活は、戦時的色彩が次第に濃くなりつつある時期であったとはいえ、なお相対的な安定と自由の側面を残しており、終戦まで一年を残して一応最後まで完結できたことは幸いであった。その中で、他のクラスメイトとともに、喜びと苦労を分かち合ったことの意義は大きく、その友情には忘れ難いものがある。

とくに、余呉村の出身である田舎者が、長浜や敦賀などから来たやや都会風のおませな学友と交流して、そのレベルを学んだことは、将来、府県のレベル、関西地方のレベル、さらに全国のレベルへと交流の輪を広げて行くための最初のステップとして、有意義だったように思われる。

課外活動の分野でも、当時の虎中の野球部の対外試合の成績は必ずしも香しいものではなかったが、夏の滋賀県予選大会で、本命の膳所中を相手に引き分けという対等の成績を残したこともあったことを、最後に指摘しておきたい（「わが虎中時代――古稀記念文集」、一九九六年）。

私の学業成績（中学校）

戦前は、田舎の小学校では六学年卒業後、多くは二年間の高等科にそのまま進み、少数の者が五年制の中学校（男子）または女学校（女子）の入学試験に挑戦しました。私は、旧制の滋賀県立虎姫中学校に進学し、昭和一九年三月一日に第五学年を卒業しました。敗戦の前年に当たります。当時の「成績通告表」の原本が何通か残っています。

教科目／学年	修身	公民科	国語及作文 購読	国語及作文 習・文・作・副	国語及作文 漢文	歴史	地理	英語 一般英語	英語 読解	英語 作・文・習	理数 一般数学	理数 代数・三角	理数 幾何	理数 一般理科
一年			九四	八八		九五	九五	九七			八八			九〇
二年			九五	九三	九三	九四	九六		九八	九八		九七	九七	
三年			九〇	九四	九六	九五	九六		九六	九六		九四	九八	
四年		九六	九〇	八六	九四	九四	八五		九六	九八		九四	九三	
五年	優	優	優	優	優	優	優		優	優		優	優	

博物		九四	九一	八八	優
物理		九六	九三	九六	優
化学			九七	八八	優
図画	九四	九五	九二	八二	優
音楽	九一	九〇			
作業科	八五	八七	八八	七八	
体操　教練	八二	九五	九三	八三	優
普体	七五	八八	八五	七三	優
武道	七四	七五	七二	七〇	良
修練					優
全級人員	一〇八	一〇九	一〇三	一〇二	九九
席次	一	一	一	一	特
及落	及	及	及	及	卒

武道は、剣道でなく、柔道を選びましたが、長い冬期には畳に素足が冷たくて、どうしてもなじめず、ただひとつの「良」を記録しています。なお、部活は「野球部」に属していましたが、四年生のとき、敵性競技として廃止されました。(ブログ二〇〇六・六・二七)

三　清水高等商船学校時代

はじめに

昭和一九年四月に、神戸高等商船学校に入学する予定でしたが、実際には東京と神戸の高等商船学校を統合して、清水に集結するという計画が予定されており、意外にも「清水高等商船学校」に入学するという結果になりました。もちろん、清水などはじめの土地で、家を遠くはなれるという不安がありましたが、もう後戻りは不可能でした。

清水にはすでに一期生が六〇〇人在籍しており、私ども二期生が一八〇〇人加わった大集団が集結したのですが、建物は急ごしらえのバラックのお粗末なもので、ただロケーションそのものは三保の松原の景勝地にあって、いつも美しい富士山を眺めることができました。クラスの編成はすでに軍隊式で、四〇の分隊に分かれ、私の所属した一三分隊には、二二〜三名の一期生と四五名の二期生が在籍し、分隊長は海軍中尉でした。

高等商船学校は、本来は民間の商船の船長や航海士、機関長や機関士を養成する専門学校のはずでしたが、戦時に入ってから身分はすでに海軍の兵籍に編入され、海軍の下請け機関として、戦時下の軍人輸送船団の要員を養成するという目的に転化されていたのです。校長は海軍中将という生粋の軍人でした。しかし、高等商船には伝統的に軍とは一線を画するという「民間性」があり、これが海軍によって浸食されていくことに対する抵抗の精神も根強く残っていたのです。これは、戦後になって知ったのですが、軍の横暴に抵抗した商船学校出身の分隊長が前線に追われて戦死したことに清水の一期生が抵抗した運動があったという記録が残っています。

ともあれ、私はここで否応なしに、軍隊式の生活を強制されることになったのですが、最初の一年間は、比較的平穏に、きびしい訓練に何とか耐えることができました。船上の作業や陸戦の訓練のほか、ボートや水泳、柔道や柔剣術、それに本式の相撲までありましたが、ここではとくに水泳訓練の際に起こった生死にかかわる出来事について触れておきます。私を含めて全く泳げない赤帽組が意外に多かったのですが、七月一日から水泳訓練が始まってようやく泳げるようになった夏の遠泳訓練の日に、三名もの溺死者が出たのです。その一人は奈良出身の私の分隊の同期生でした。今なら明らかに監督者の法的責任が追及されるべき事件でしたが、当局は「照国神社」を建てて三人の犠牲者を弔うことによって処理してしまいました。私は、泳ぎの達者な友人に助けてもらって九死に一生を得たのです。

しかし、商船学校には自由な面もあり、敵性語であった英語教育も重要視されていて、たのしい授業でした。私にとっては、戸外での訓練に疲れていても、教室内での講義はいずれも心の休まる思いで、将来の不安など余計なことを忘れるために、覚悟を決めて一生懸命、勉強に集中しようと努力していたように思います。

分隊における集団生活の中からは友情も生まれましたが、その反面、規律の維持を口実とした上級生による下級生への集団的な暴力的制裁という非人間的な体験を何度も甘受しなければなりませんでした。表面的には、体罰は建前上は禁止されているにもかかわらず、半ば公然と行われていたのです。そんな非人間的なことが平気で行われていたという歴史的な事実を忘れてはならないと思います。

ただし、海軍式の生活様式の中には、今日でも評価されてよい点もあったと思います。それは「五分前の精神」といわれるもので、その意味は、何らかの行動を起こすときには、定められた時間の少なくとも五分前までに現地に到着し、いつでも行動を開始できるように待機するという意味であります。一二時が食事ならば、一二時五分前までに食堂の前に待機することでありま す。それが必要で大切なことは、今日でも何ら変わりがないはずです。そして、実は、誰でも本当に大事な場合には、これを守っています。たとえば入学試験の開始時には、みな開始前に集合しているのです。ところが、それ以外の通常の場合には、人は時間を守らず、開始時間が遅れるのがむしろ普通となっています。

私は、いつの頃からか「定刻主義者」と呼ばれるようになったのですが、それは一般の普通の場合にも、五分前の精神を必ず守るべきだと主張し、できるだけ実践しているからであります。

その効用は、時間を正確に守ることによって、時間を有効に活用し、余裕をもって計画を遂行できるようになる点にあります。この点は、これまでにも度々話した点ですので、これ以上触れないことにします。

さて、高等商船学校の時代に戻りますが、二年目の昭和二〇年が激動の年となりました。三月には上級生だった一期生は繰り上げ卒業となって清水を去りましたが、四月からは新しい三期生が一八〇〇人入学して、総勢三六〇〇人の大集団となりました。そして、東京などの大都市の空襲が始まり、本格的な食糧難も襲ってきたのです。八月始めに広島に原爆が投下されて敗戦が決定的になるまでの間、清水では、私どもは空襲による焼夷弾の投下や、飛行機からの機銃掃射、それに駿河湾からの艦砲射撃など、多くの衝撃的な体験をした後、しかもいつ上陸してくるかもしれない敵の戦車に体当たりするために、海岸に蛸壺を掘って待機するという末期的な訓練に従事していたのです。

昭和二〇年八月一五日、私どもは練兵場に整列して、「玉音放送」を聞いたのですが、内容はほとんど聞こえないままに、敗戦を自覚しました。涙も出ましたが、内心は命が助かったという不思議な安堵感でした。皇居に向かって自害を呼びかける一部の将校もいましたが、それも一時的な動揺に過ぎず、私は八月二六日に、ほとんど何も持たずに無蓋車に乗って郷里に帰りました。

清水の思い出

わたくしは、昭和二〇年八月の終戦のあと、一たんは高等商船学校に継続復帰しましたが、結局昭和二一年三月まで在学しただけで中途退学しました。高等商船学校の戦争末期と戦後再開期のごくしばらくの間の雰囲気を知っているわけです。

あれからもう三〇年の年月が流れました。普段は昔をふりかえるような余裕もないほど忙しい現在の状況ですが、清水、三保、折戸という地名を聞けば、なつかしい昔の思い出がよみがえる思いがします。いつの頃でしたか、すでに学校が清水から移転してからあと、一度だけ清水に立ち寄ったことがありますが、夏草にしげった三保の海岸で聞いた海の音が再び思い出されます。

清水高等商船学校の頃（昭和19年）

在学中の思い出としては、入学当時船でつれて行かれたのが島流しにあうようで心細かったこと、一メートルも泳げなかった最初の水泳訓練がつらかったこと、炊事場の煙突の煙を見てその日の副食を予測し合ったこと、実習航海でマストにのぼらされてこわかったこと、艦砲射撃に肝をひやしたこと、食糧難が深刻となり海岸で塩まで作ったことなど、次々に思い出されてきます。戦争末期には海岸にいわゆる「たこつぼ」を掘ってひそむ訓練までありましたが、幸い任官出征するまでに終戦となり、命をとりとめました。しかし、遠泳で三人の学友が死亡したことは最もかなしい思い出としてのこっています。

途中で方向転換をし、旧制高校からやりなおすことになったわたくしにとって、二年間の高等商船学校での生活は余分な寄り道だったようにも思われますが、それも長い人生経験にとっては無駄ではなかったといってよいでしょう。今から思いますと、わたくしがこの二年間に学んだ積極的なものとしては、自主的ではなかったとしても体をきたえる機会をえたこと、それからいわゆる五分前の精神で時間を守る習慣を身につけることができた点が考えられます、その後一時期、胸の病気をしましたが、現在ではかなり丈夫な方ですし、最近では学界でも「定刻主義者」を自認しているような次第です。

清水波止場に停泊中の練習船（昭和19年頃）

四、五年前でしたか、静岡大学に行きました際、商法の大友教授がかつて商船学校で海法をならったことのある先生だとわかってびっくりし、昔話をしたことがあります。現在でも、一年時の一三分隊で一緒に生活したことのある二、三の方々とは交流があります。同じ時期に清水で苦楽を共にした二期生のみなさんが、それぞれの途でますます活躍されんことを心から希望いたします。

（高等商船学校二期級会・卒業三〇周年記念文集、昭五五）

五〇年前の回想
―清水高等商船学校の二年間―

入　学

昭和一九年三月に旧制中学を卒業した私は、旧制高校を再受験するため一年浪人するか、すでに合格していた神戸高等商船学校に入学するか迷っていたが、軍需工場への徴用令がくるに及んで、商船学校への入学を決心した。しかし、なぜ一メートルも泳げなかった自分が商船学校を受験するようになったのか、いまでもわからない。おそらくは、海兵や陸士などの現役軍人への道を避けたいという願いがあったものと思われる。商船学校も海軍の兵籍に編入されるが、予備役であった。

こうして運命は決まったのであるが、実際に入学地として指定されたのは、神戸ではなく、清水高等商船学校であった。東京と神戸は、昭和一九年度から生徒の採用は途中から方針を変更して中止し、採用生徒は全員清水に集結した。さらに東京・神戸は、翌二〇年四月、清水に統合され、清水高等商船学校と改称した。こうして、昭和一九年四月八日、はじめて郷里を遠く離れて、見知らぬ土地に移動することになったが、家族や友人との別離にも特別の記憶は残っていない。清水港から折戸までを運ぶ小船にゆられたときは、島流しにあうような不安にかられたことを覚えている。

生活

すでに前年から入学していた一期生の六〇〇人の上に、私ども二期生が一、八〇〇人も加わった。私は一三分隊に配属されたが、一期生が約一五人に対して二期生は三倍の約四五人に及んだ。軍隊式のきびしい規律の支配する集団生活の中で、とくに二期生には、新兵としての苦労が待ち受けていた。

一期生は少人数で特権を行使できる立場にあり、服装の点でも、二期生の草色とは違う白色の服として区別されていた。要領が悪くてミスをした二期生は、容易に一期生の制裁の対象となり、それはほとんど同時に二期生全体の連帯責任にまで広がった。

私も被害者の一人であったが、その翌年には二期生が同様のことを三期生に対して行うのを分隊の伍長として阻止できず、三期生に被害を及ぼしたことを深く反省し、謝罪したい。

生活面では、とくに食料事情が悪化して体重が四〇キロを割り、それにいっさい暖房のない冬の夜に足が暖まらなかったことなど、苦しい体験をした。

教　育

教育の特色は、訓育に重点がおかれ、校長が現役の海軍中将であったことからも、海軍予備将校の養成という側面を重視するものであった。しかし、少なくとも最初の一年間は学術教育にも相当の比重が置かれていた。

正確な記憶には乏しいが、航海科や機関科としての専門技術的な科目のほか、数学、物理、化学、それに英語や国語などの基礎的・一般的な教育科目も含まれており、講義は一般に興味のあるものであった。私にとっては、それは静かないこいの場所であり時間であって、真面目に勉強し、成績も悪くなかった。

一方、訓練教育としては、陸戦、短艇、信号などの教練や日課作業が科されたほか、柔剣道、銃剣術、水泳、体操、相撲なども全員に課された。これらの科目も、何とかこなすことができ、

手旗信号訓練（昭和19年頃、清水高等商船。赤旗を右手に、白旗を左手に、１年生の興味をそそる手旗訓練、号令台の指揮は海軍の下士官所謂教官）

櫂も折れんばかりの力漕！（昭和19年頃、清水高等商船。日頃の猛訓練を飾る「短艇漕」の一瞬）

短艇や信号には興味をもったが、水泳には人知れぬ苦労をし、逃げて帰りたいという欲求にかられたこともある。何とか泳げるようになったが、遠泳の折りには友人の助けがなければ潮に流されてしまったのではないかと空恐ろしくなる。現に三人の二期生が遠泳中に死亡したのである。

終戦

昭和二〇年八月一五日、ちょうど五〇年前の夏、玉音放送で敗戦を知ったときは、率直にいって助かったという思いであった。しかし、アメリカ軍が上陸し、船員として徴用されることになるとか、血気にはやるある若い中尉が皇居に向かって自害する動きがあるとか、不穏な噂が流れて落ち着かなかった。ようやく郷里に帰省が許されたのは、八月二五日頃であったと思う。

すべてがご破産となり、日本は再出発することになった。しかしその方向を見定める余裕も力量

短艇優勝記念（昭和20年２月頃、清水高等商船。13分隊所属）

もないまま、食べるために郷里で農業労働に汗を流した。当時の日記の中に、少なくとも天皇制だけは保持せよと書いた記憶があるが、いかに戦前の教育から強い影響を受けていたかを知ることができる。

復学

戦後の方針も明確に定まらないまま、私は昭和二〇年一一月から、再び高等商船学校に復学することになった。そこには、海軍から解放された伝統的な商船学校の自由な雰囲気が部分的に復活し、寮生間の失われていた人間関係も修復されつつあり、自主的な改革の兆しもあったように思う。

しかし、戦後の海運界の見通しも定かではない状況の中で、何よりも最初から船乗りになることを目指したわけでもなかった私としては、悩みながらも、徐々に方向転換を求める気持に傾いていかざるをえなかった。こうして、商船学校への復学と継続という方針は崩れることになった。

転身

昭和二一年三月、私は高等商船学校を中途退学した。そこには、方針転換と転身に伴う危険が待っていたが、幸い旧制高校に入学できたので、二年間遅れただけでブランクは生じないですんだ。しかし、旧制高校を卒業して大学に入って見たら、同じ分隊にいた同僚がそのまま商船学校の過程を終了後一足先に大学に入っており、奇妙な再会を果たすことになったのは皮肉な運命であった。

教訓

私のこれまでの人生にとって、高等商船学校に在籍した二年間は、ごく短期間の「寄り道」にすぎないように見える。しかし、それは終生忘れることのできない鮮烈な思い出を残した二年間であった。現在の私のモットーである「定刻主義」は、その時代の「五分前」の精神に由来するものである。（回想の五〇年―高等商船学校二期生有志の記録、一九九五年）

私の戦前体験

最近では、戦前（一九四五年以前）を体験したことのある人が次第に少なくなってきましたので、私自身の体験のいくつかを紹介しておくことにします。

私は、日本軍の敗戦を清水高等商船学校二年生（一九歳）の八月一五日に、清水の海岸で迎えました。予備役ですが、海軍の兵籍に編入されており、もう半年も経てば海軍予備少尉として輸送船に乗船して南方に派遣され、命を失っていた可能性があります。

太平洋戦争（大東亜戦争と呼ばれた）が開始された一九四〇年には、旧制中学の三年生（一四歳）で、ハワイ沖の開戦の映像を体育館で見た記憶があります。所属していた野球部も解散となり、文科系の徴兵猶予も撤廃される中で、本当に「やむを得ず」予備役の高等商船学校に入学することにしました。東京と神戸にあった高等商船学校が清水に統合され、全く未知の清水に入学しました（一七歳）。しかし、実は一メートルも泳げず、海は怖かったのです。

一九四四年四月から一九四五年八月までの期間、清水で海軍式の猛訓練をうけましたが、逃亡者も出るなかで、よく耐えられたものだと思います。しかし、海軍の方が陸軍よりもややリベラルで、しかも商船学校は予備役なので、救われたところもあります。

広島の原爆については、新型爆弾であるとしか知らされず、昼夜を問わない空襲や艦砲射撃に対しては、真夏に白い毛布をかぶって防空壕に避難する以外には、もはや対抗する手段もなく、最後は海岸に「蛸壷」を掘って、上陸する敵の船に体当たりする「自爆」の訓練をやらされていたのです。

一九四五年八月一五日は、この無謀な戦争が終結した日で、終生忘れることはできません。みんな「ようやく助かった」と思ったのです。もう二度と戦争をしないという誓いこそ、戦争を経験した者の一人として、守り伝えていきたいと思います。（ブログ二〇〇五・三・三〇）

大観兵式（昭和19年頃、清水高等商船。威風堂々、何者か恐れんと黄塵湧く大練兵場を踏みしめる海の若人の物凄い足音！）

青春の砦

これは、戦前の清水高等商船学校の航海科一期生だった小沢郁郎氏が、一九七九年に出版された書物（大谷直人・青春の砦、新潮社）の書名であるが、同時に、一九八二年に演劇『青春

駈歩（昭和19年頃、清水高等商船。本校に於いて駈歩は有名である。駈歩なくしては一日も暮すことは出来ない。実に駈歩に始まって駈歩に終る）

の砦』（二幕）として上演されたという歴史的な産物である。因みに、この演劇のスタッフは、原作：大谷直人、脚本・演出：瓜生正美、美術：松下朗、音楽：いずみたく、照明：横田元一郎、効果：山本泰敬、演出助手：後藤陽吉、舞台監督：細渕文雄、製作：土方与平、同：福島明夫、といった豪華な顔ぶれであった。

　私自身は、清水高等商船学校の航海科二期生であったので、著者とは一期あとに入学しているが、同様な体験をしているので、親近感が強い。その上に、偶然にも、著者がこの本や演劇のなかで中心的に語ろうとした第五分隊長の「吉野春生中尉」は、私自身が一年後に所属した第一三分隊長その人であったという思い出が重なっている。

　著者は、すでに吉野中尉のリベラルな人間性に触れて、当時の海軍の鉄の規律のなかでの矛盾とささやかな抵抗にも触れているが、私ども二期生が入学した昭和一九年四月以降の段階では、もはやこのような人間劇が展開される余地さえなかったように思われる。
ただ、吉野中尉が第一三分隊長の任期途中で急遽前線に駆り出され、結局は南方の海で戦死されたのは、海軍派と商船派の対立によるものではないかという噂を当時耳にしたことがあった。戦時中の軍隊教育の下では、またそこでは余計に、指導者の人間性と人柄が生徒に及ぼす影響が決定的であったように思われる。私もまた、短い期間ではあったが、吉野春生中尉の「稀有の人柄」に接した体験を心にあたためていたいと思う。なお、作中に出てくる「永友教授」というのは、おそらく国際法の「大友教授」のことであろう。私は、戦後しばらく親交があったが、いつの間にか音信が途絶えてしまった。（ブログ二〇〇六・三・一六）

記念碑建立の由来

清水市折戸に　昭和十八年四月　清水高等商船学校が設置されて以来昭和三十五年十月に東京都江東区越中島へ移転するまでの間時代の変遷に伴う教育改革等から　その名称が次のとおり改められてきました。

昭和二十年　四月　高等商船学校
昭和二十四年　十一月　商船大学
昭和三十二年　四月　東京商船大学

そしてこの十八年間に　この地で勉学した生徒学生は　六千六百名に達しており　それぞれに

懐かしい思い出多き青春時代を過ごし　また市民の
皆様にも格段のお世話になりました
このたび　母校跡地への愛着と市民の皆様に対する
感謝の気持ちからここに記念碑を建立しました
平成三年十月吉日　　記念碑建立委員会
碑文「わが折戸」の揮毫は　地元関係者として母
校の創設発展に尽力された鈴木与平翁

わが青春のひもじさ

先に引用した『青春の砦』(二幕) のパンフレット (一九八二年) の中に私自身が寄稿していた文章を、高等商船学校在学当時の思い出として、そのまま復元しておきます。

「みんな食べざかりの若者なのに、食糧事情が悪く、体重が四〇キロを割ってきました。その上、訓

高等商船学校の生徒館と富士山

練がきつく、疲れはてた毎日でした。ともかく食べることが第一の関心事で、煙突の煙の出方で今日の食事はなんだろうとあてっこしていましたよ。

一ぱいの盛りきり御飯だけで、不思議に他人の御飯の方が多く見えた。それにハエが御飯の中に入っているとお代わりが出来たので喜んだものです。しかし、だんだんサツマイモが主食となり、茎まで食べました。砂糖や石けんもありませんでした。傷ができたらビタミンCの欠乏でなかなか治らなかった。みんな同じ生活だから辛抱出来たのだと思います。

訓練で一番きつかったのは陸戦で、鉄砲をかついで海岸を走るのです。足がのめって走れないし、倒れても鉄砲には砂がつけられない。あまりつらいので病気で休む生徒もいた。艦砲射撃で実弾の下をくぐった時は怖かった。

海兵や陸士を避けて商船に来たのは、徴兵がいやなものやロマンを求めてであった。だから、水泳でも三分の一の生徒は泳げなかった。私の分隊の生徒も遠泳で死んだ。

日々の生活は、時間に厳格で、冬、寒くても四時半には起きていた。起床ラッパの鳴る前に、すべての準備をしていなければ間に合わない。

航海科と機関科の対立のようなものもあった。そうした中で、航海科は特にリベラルな人が多かった。しかし、現実は軍隊規律そのままで、理想との落差がありすぎたようだ。だから、おだやかなリベラルな先生とは一体化していったようだ。

文科系の授業や信号教練などは楽しくよく勉強しろと言われた。卒業すれば武装していない輸送船に乗らなければならないので、「八月一五日」は助かったと思った」。

なお、当時の高等商船学校の生活記録としては、川崎景章著・折戸日記（一九八〇年）が最も詳しいが、残念ながら非売品である。（ブログ二〇〇六・三・二一）

私の学業成績（高等商船学校）

私は、昭和一九年三月に旧制中学を卒業後、同年四月八日に清水高等商船学校に入学し、海軍の予備役に編入されました。昭和二〇年八月一五日の敗戦まで在学し、戦後の同年一一月にいったん復学しましたが、結局、昭和二一年三月三一日に中途退学しています。

手元に残っている「航海科生徒経歴表」によりますと、学業成績は以下のようになっています。

学科目	期末試験（昭一九・一〇）	学年末試験（昭二〇・二）
文化概論	七五（道義）	九〇（用語）
地文航法	七七	八二
航海計器	八四	八七
運用技術	九五	八九
航海法規	九六	九三
気象学		九三
海法学		八〇
機関学	九一	九二
電気工学		九八
数学第一類	九〇	九五
数学第三類	八五	九五
物　理	九五	九五
化　学	一〇〇	九四
英　語	九五	九一
兵　学	一〇〇	一〇〇
兵学（砲術）	九八	
乗船実習		九一

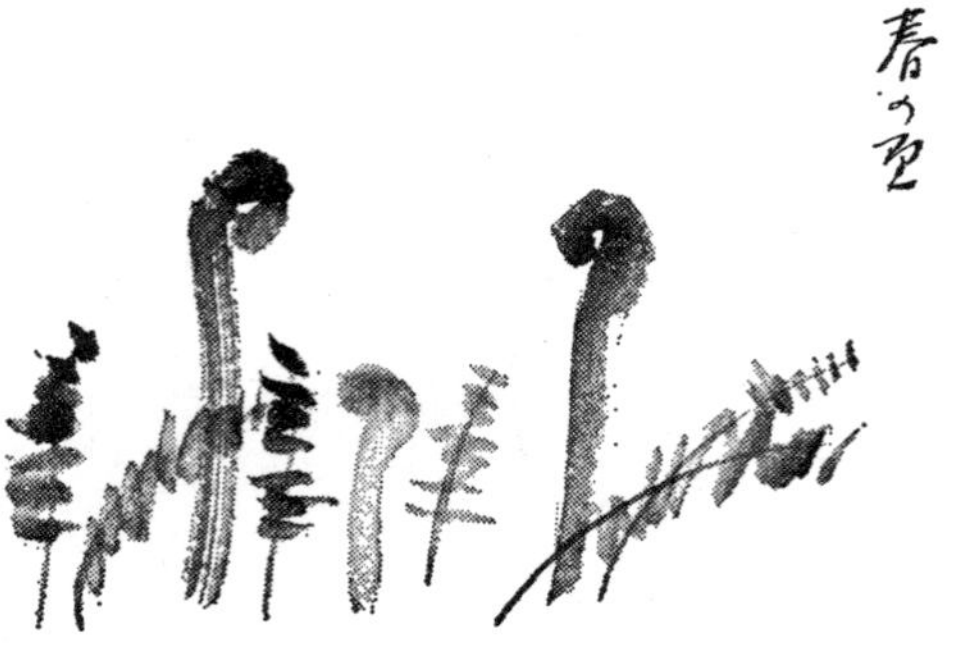

清水高等商船学校のチェリーマーク

なお、当時の私ども第二期生の定員は航海科が九〇〇人、機関科が九〇〇人であり、二年次に進級した際に、私は筆頭の一一分隊伍長に指名されたため、航海科のトップであることが判明しました。制服の襟章である碇（いかり）マークの横につける金色のチェリーマークをもらいましたが、元来が臆病な私は、指揮棒（サーベル）の操作や号令の発声などで思わぬ苦労をしました。

（ブログ二〇〇六・六・二九）

四　戦前から戦後の転換

敗戦直後のこと（一）

一九四五年（昭和二〇年）八月一五日の敗戦の日を体験した人が次第に少なくなり、忘れ去られようとしている。しかし、同じ敗戦国でも、敗戦直後における過去の清算と対応の仕方がドイツと日本とではかなり違っていたのではないか、そしてそれが今でも尾を引いているのではないかという思いを年々強く抱くようになった。そのような課題を念頭におきながら、まずは敗戦直後の私自身の体験を思い起こしておきたい。

私は、清水の高等商船学校の二年生の時に敗戦を迎えた（一九歳）。その直前までは、海岸に蛸壷を掘って身を潜め上陸する敵軍に体当たりして「自爆」する訓練をさせられていた。ともかく戦争が終わり、一命をとりとめたことを実感した。皇居に向かって自害せよといきまいた一部の将校もいたが、やがて収まり、一〇日後の八月二六日に帰郷を許された。私の郷里は滋賀県北部の片田舎なので、空爆等の被害は免れていたが、家族は物心ともに虚脱状態にあった。さっそく、両親や兄とともに農作業に従事して食糧の確保に追われた。

九月になると、高等商船学校から通知があり、海軍兵学校などと違い、廃校にはならず、定員を三分の一に縮小して出発するので、希望者は申し込めというものだった。海兵からは旧制高校に転校できたが、高等商船は専門学校なので不可能なことがわかり、結局は「乗りかけた船」だということで、一〇月から戦後の清水高等商船学校に復学することになった。

こうして、一九四五年一〇月から翌年の一九四六年三月までの半年間は、清水の旧校舎で貧しい寮生活をしたが、そこにはまだ、期待されたような新鮮な「戦後の息吹」は見られず、たしか当時の日記には、天皇制だけは維持すべしと書いていたような記憶がある。(ブログ二〇〇五・七・一〇)

敗戦直後のこと(二)

私は、自覚のないままに高等商船学校に復学したものの、次第に後悔するようになり、旧制高校への転校を申し出たが、学校側の許可が遅れ、ようやく近くの静岡高校の入試に間に合って、幸運にも合格することができた。

高校では、講義でもすでに「新憲法」のことが話題になり、出版物も少しづつ出はじめていたが、クラスの先輩格の者の中には、すでにマルクス主義の文献を読んで、天下国家を論じる者も現れていた。知識に飢えていた若者たちは、学校の講義には出ずに、解禁となった左翼文献に没頭し、急速に戦後の自由と民主主義の風潮を謳歌するようになった。たしかにそれは、「つかの間」であったとはいえ、戦後の「解放期」という名にふさわしく、戦前の苦しい弾圧を忘れたかのように自由に振舞うことができたのである。現に、私のクラスは、四〇名位であったが、その過半数がイデオロギー的な議論にも行動にも容易に同調し、映画を見に行くように、政治的なデモにも参加したのである。しかし、私はそこに、その当時の日本のインテリの決定的な甘さが象徴されていたように思われてならない。

三年間の高校生活の後、私たちはほとんどが東大と京大に進学したが、一九四八年（昭和二三年）頃からすでに占領政策の転換が始まっており、大学での学生運動はきびしい壁に当面していた。学生も次第に政治的な関心から離れて、現実主義的な方向へと転換し始めていた。そして、大学を卒業する一九五三年は経済不況のため就職難にあえぐことになったのである……。

戦後日本の民主化の推進者は果たして誰であったのか、どのような状況判断がなされていたのか、過去の清算はどこまで行われたのか、戦前からの転換はどのような形でどこまでなされたのか、何がそれを妨げたのかといった点を、改めて検証しなければならないように思われるのであ

る。（ブログ二〇〇五・七・一〇）

刑法と教育勅語

刑法各論の講義の中で、「教育勅語」に出合うことがあります。それは、戦前の大正時代の判例の中に、校長に恨みを抱いていた小学校教員が、校長を失脚させるために、同校長が管理する教育勅語の謄本等を持ち出し、これを自分の受け持ちの教室の天井裏に隠したというケースが出てくるからです。

原審は、不法領得の意思（権利者を排除して他人の物を自己の所有物としてその経済的用法に従って利用または処分する意思）がないとして、警察犯処罰令二条五号の罪（他人の業務に対する悪戯・妨害—戦後の軽犯罪法一条三一号）に当たるとしたのに対して、検察官は刑法二三五条（窃盗罪）および二三三条（業務妨害罪）を適用すべきだとして上告しました。しかし、大審院（戦後の最高裁に当たる）は、原審判決を支持して、窃盗罪の成立を否定したという著名な判例であります（大審院大正四年五月二一日判決）。

これは、戦前における「教育勅語」の絶対的な権威を考えますと、大変勇気のある大審院判決であったといえるでしょう。今はもう「教育勅語」を知らない世代が支配的となったと思いますが、私自身の体験からは、今でも鮮やかに思い出す光景があります。それは、文部省から各学校に下賜された「教育勅語」の謄本が、学校の正門わきの「奉安殿」に天皇のご真影とともに安置され、教職員も生徒も登校時と下校時に最敬礼をして通るというのが日課であり、紀元節や天長節や明治節の日には校長先生が恭しく「教育勅語」を読み上げるのを直立不動で拝聴し、暗誦させられたという少年時代の思い出です。「朕思うに、わが皇祖皇宗……」という文章はもう忘れていましたが、パソコンで検索をし、軍人勅諭とともに、改めてその内容を確かめています。

若い世代の方々にも、一度参照されることをお勧めします。（ブログ二〇〇五・六・二）

文部省『あたらしい憲法のはなし』一九四八年

私の著書『現代社会と治安法』（岩波新書、一九七〇年）をコメントで取り上げて頂きましたので、読み返して見ましたら、戦後当初の文部省が憲法普及運動に使った書物からの引用部分が出てきましたので、これを再現しておきます。

「……戦争は人間をほろぼすことです。世の中のよいものをこわすことです。……そこでこんどの憲法では、日本の国が、けっして二度と戦争をしないように、二つのことをきめました。その一つは、兵隊も軍艦も飛行機も、およそ戦争をするためのものは、いっさいもたないということとです。これからさき日本には、陸軍も海軍も空軍もないのです。これを戦力の放棄といいます。……

……しかしみなさんは、けっして心ぼそく思うことはありません。日本は正しいことを、ほかの国よりもさきに行ったのです。世の中に、正しいことぐらい強いものはありません。もう一つは、よその国と争いごとがおこったとき、けっして戦争によって、相手をまかして、じぶんのいいぶんをとおそうとしないということをきめたのです。おだやかにそうだんをして、きまりをつけようというのです。なぜならば、いくさをしかけることは、けっきょく、じぶんの国をほろぼすようなはめになるからです。また、戦争とまでゆかずとも、国の力で、相手をおどすようなことは、いっさいしないことをきめたのです。これを戦争の放棄というのです。そうしてよその国となかよくして、世界中の国が、よい友だちになってくれるようにすれば、日本の国は、さかえてゆけるのです。みなさん、あのおそろしい戦争が、二度とおこらないように、また戦争を二度とおこさないようにいたしましょう。」

初心忘るべからず、とはこのことでしょう。私自身も、旧制高校の時代にこの憲法普及運動に加わって、静岡県下の中学校や女学校を回ったことがあります。（ブログ二〇〇五・六・二〇）

戦後変革の不徹底

最近、刑法改正の歴史を調べているうちに、戦前の思想検事が戦後出世して法務省刑事局長から最高検検事となり刑法改正準備会の会長にもなった人物がいるという事実を改めて知る機会がありました（戒能通孝「基本法改正の態度として」法律時報三二巻八号、昭三五）。戒能教授は、思想検事が立身し、刑法改正準備会の責任者になり得たこと自体に問題があるとしとして、刑法をもし戦時中の刑法から脱却させようというのであれば、準備委員に政治刑法の被害者を加えるのが当然であったのに、委員にはただの一人も入っていないという事実を指摘されていたのです。

私も、戦後の変革がいかに不徹底であったか、なぜ不徹底に終わったかを、各分野ごとに事実に基づいて明らかにしておくことが、「戦前に帰ってはならない」という切実な願いを実現して行くために、今なお必要であることを痛感しています。

なお、上記の論文の中に、この検事が戦前、美濃部亮吉氏を治安維持法違反の疑いで取り調べたときの様子が記されていますので、その部分を引用しておきます。

「井本台吉という検事が取り調べに来た。その調べ方のいやらしさは、いま思い出しても気持が悪くなる。とにかく治安維持法に違反するようにいわない限り絶対に供述書を作らない。彼の意思に沿った答弁をしない限り、よく考えておけといって、二週間でも三週間でも放っておかれる。彼によれば、赤字公債を発行するとインフレーションになると書いた私の論文は、日本の戦費調達を困難に導き、ひいては—警察や検事局はこの言葉が好きだった—蔣介石に対する利敵行為になるというのだから、全くあきれてしまう。この井本台吉という検事は戦後出世して、いまは最高検の部長をしているということである。まことに恐ろしいことである」。（ブログ二〇〇七・四・二四）

昔の高等小学読本

熱海におられた成文堂の先代社長の蔵書の中に、「高等小学読本 巻一 女子用 文部省」という名の古い本があることを偶然に発見しました。これは大正一五年三月一三日発行のもので、文部省が発行し、文部省が検査済の国定教科書です。

私は昭和二年（一九二七年）の生まれなので、ちょうどその頃のものですが、一見してその内容が予想以上に程度の高いものであることに驚かされました。たしか戦前は、「尋常高等小学校」と呼ばれていましたので、この本は尋常科六年を終わったあとの高等科二年用のものではないかと思われます。

内容的な面でいいますと、まず第一に、軍国主義とか国粋主義の押し付けといった色合いがほとんど見られないという点が、何よりも注目されるところです。この点は、その後の学校教育のいちじるしい軍国主義化の傾向と比較してみたとき、特筆されるべきリベラルな性格をもっていたことをうかがわせるものといえるでしょう。第二は、女子用という点とも関連して、廃物利用など生活に役立つ知恵が記されていますが、女子にもっぱら従順な生き方を説くといった女性卑下的な記述は全く見られず、むしろ科学的な合理主義を背景としたきわめて穏健で開明的な文化水準を示していると思われる点です。法律上の契約にも触れて、信義誠実の原則をうたうほか、さらに近代的な統計方法の持つ社会的な意味を評価するなど、専門性への橋渡しも十分に意識されているように思われます。笑い話も間にはさむという余裕が見られる一方で、禅師が悪事を働いた部下の僧侶を追放することなく諭して教化するといった人間的な教育方法にまで言及しているこの教科書は、今でもなお、また今だからこそ、十分に参照される

べき内容を含んでいるように思われるのです。できれば、復刻を期待したいものです。（ブログ
二〇〇六・七・二七）

五　旧制静岡高等学校時代

はじめに

昭和二〇年八月の終戦の時、私は一八歳でした。大分迷った末に、戦後は規模を三分の一にして再開した清水高等商船学校に復学を希望し、「乗りかけた船」にいったんは再び乗ったのです。しかし、結局は満足できずに、転身して旧制高校の受験を目指すことにしました。昭和二一年三月一三日に高等商船学校からの退学が許可され、急遽近くの旧制静岡高校を受験したのですが、幸運にも合格することができました。父が、お前の名前が「官報」に出ているといって喜んでくれたことを今でも思い出します。

当時は、陸士や海兵などの軍の学校からの編入という問題があって、アメリカ占領軍による審査が行われたために合格発表が遅れ、実際に高校に入学した昭和二一年九月までの間は、郷里で父母とともに食糧難を切り抜けるために田畑での農作業に汗を流しました。当時はまだ、戦前の歴史を反省するといった余裕などはなく、かえって当時の日記には、敗戦後といえども「天皇

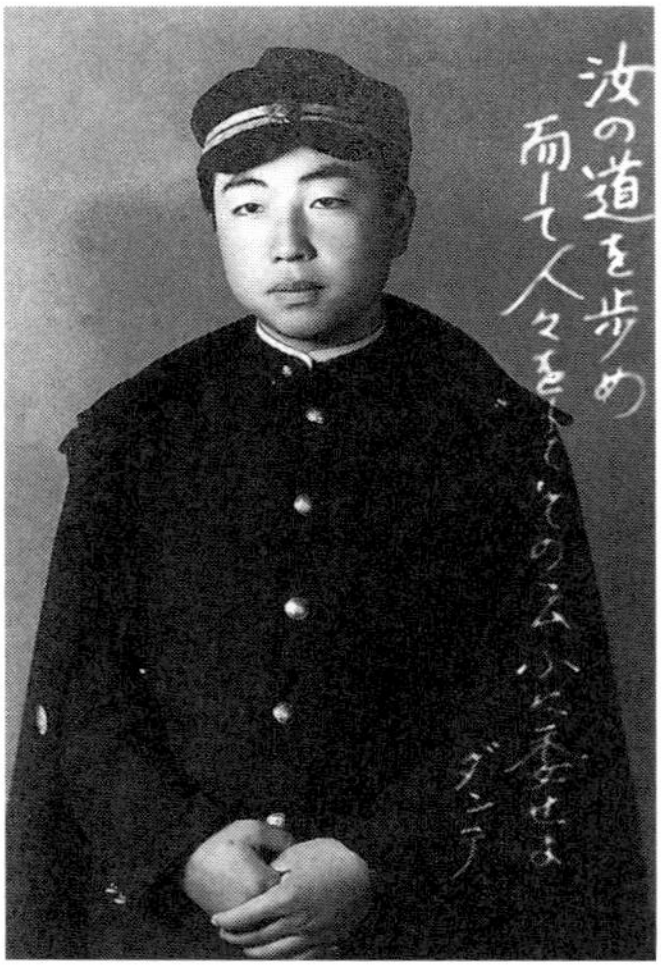

旧制静岡高等学校時代（昭和24年）

制」だけは維持すべしといったことも書き残していたという記憶があります。戦前の教育の徹底した影響をそこに見ることができます。

こうして、私の戦後は、静岡での旧制高校の生活、しかも自主的で自由な寮生活から始まりました。旧制高校の制度は昭和二五年で終わり、その後は六・三・三制という新制度に転換して行ったのですが、私どもは旧制度の末期にあたり、昭和二四年三月に卒業するまで、この制度を満喫することができました。その伝統は、白線帽に黒のマント、ほうばの下駄という独特の服装をまとって、ストームと称して寮歌を放吟しながら街を練り歩き、天下国家を論じて、自由奔放な生活をするというモデルとして定着し、それが社会的にも認知されるという形で形成されてきたものです。そこには、アナクロニズムと自己顕示的なエリート意識が見られ、私自身はそのよう形で青春を謳歌するといったスタイルには必ずしもなじめなかったのですが、その内面生活が、現実的な既成の権威や打算にとらわれることなく、自由にかつ徹底的に思索を深めるという点にあったと思われることが、旧制高校の最大のメリットではなかったかと考えています。

受験勉強の科目に関する問題と模範解答にしか対応できない新入生にとっては、何のために本校に来たのか、何のために勉強するのかと問われてても、答えに窮するのは目に見えていましたし、さらに人生とは何か、愛とは何か、といった問題は、そもそも「解答のない問題」であって、そのために内外の歴史や文学や哲学の著作を目的意識的に読むという必要に迫られたわけです。これは、終わりのない内面的な作業ですが、それがある程度まとまってできたのは、高校の三年間が、基本的に大学の受験勉強から解放されたものであり、講義への出席も語学を除けば比較的自由で、むしろ最低点による合格を自慢するという雰囲気さえあったことの結果だと思います。富士山に初雪が観測されれば、大学受験を開始するという建前はあったものの、実際にはどこかの旧制帝大に落ちつけるというのが当時の状況だったのです。

なつかしき文三甲の教室にて読書。佐野、藤井の両君と、中央が著者（昭和24年１月28日、旧制静岡高等学校にて）

しかし、戦後初期の社会の大変動は、旧制高校の古き良き伝統の中で自由奔放な青春を謳歌して

神妙に歩いているところ。堀、藤井の両君と、中央が著者（昭和24年２月13日）

いるだけでは済まないものにしていました。第一は、深刻な食糧難が基本的な食生活を脅かしていました。寮生が猫まで食べたという噂が広かるほどでしたが、幸い静岡は温暖の地で農産物が比較的豊かなため、何とか飢えをしのぐことができました。第二は、新しい憲法の下で、社会の民主化運動が社会主義の思想と運動を一挙に高揚させ、その影響が急速に旧制高校にも及んだことです。高踏的な立場から社会を見下ろすのではなく、自ら社会の改革運動に加わろうというのです。多くの学友とともに、私もその運動に参加し、とくに新憲法の普及運動のために、静岡県内の中学校や女学校に出かけて講演活動を熱心に推進しました。当時は、文部省自身が新憲法とその精神の普及に積極的な支援の立場をとっていたことも記憶にとどめてほしいところであります。

寮祭（キャンプファイアー）

後に、熱海にこもって仕事をすることが多くなったとき、熱海の来宮神社の裏手のグランドがかつて憲法普及運動で行ったことのある熱海女学校の跡地であることを知って、大変なつかしく思ったことがあります。無銭旅行にも類するような物資欠乏の中で、新憲法の平和主義と国民主権と基本的人権の精神の普及運動に参加したことは、今日のNGOにあたるボランティア活動の源泉として、積極的な意義があったと思っています。私は、この頃からマルクス主義の文献を多く読むようになっていったのですが、その原点は「日本国憲法」にあり、その核心は戦争の反省とヒューマニズムの精神にあったと考えています。当時はすでに、諸先輩が経験したような古き良き時代の旧制高校の雰囲気はすでに崩れており、改革と変革が求められていたのですが、旧制高校時代には、今一つのメリットとして、外国語の教育が重視されていたという点をあげておく必要があるでしょう。文科は甲類（英語）、乙類（独語）、丙類（仏語）に分かれるのが普通でしたが、当時の静高の文科には、英語と独語の二クラス（それぞれ二〇名）しかありませでした。私は、英語のクラスを選んだのですが、後で刑法の研究者になることがわかっていれば、独語のクラスを選んでおけばよかったと後悔しているところです。学生は、あまり一般の講義には出なかったのですが、語学の講義だけは出席し真面目に勉強していたように思います。もっとも、講義は欧文の読解が圧倒的に中心で、会話はほとんどありませんでした。そしてこれが、後に外国に留学するときのアキレス腱になったのですが……

私の学業成績（静岡高等学校）

私は、昭和二一年三月に旧制の静岡高等学校の合格通知をもらいましたが、文部省による資格審査を理由に入学許可が遅れ、結局、入学できたのは、九月九日でした。そして、昭和二四年三月三一日に卒業するまで、約三年間、戦後の解放期を温暖の地、静岡で過ごしました。

後に入手した成績証明書によれば、当時の学業成績は以下のようになっています。

学科目＼学年	第一学年	第二学年	第三学年
古典科			
（国語）	八一	七一	七〇
（漢文）	五五	七八	八三
哲学科	八四	六六	七五
歴史科	八八	八三	七二
自然科	九八		
外国語科			
（英語一）	八七	八二	八〇
（英語二）	九三	八二	八八
（独語）	九〇	八二	七五
体育科	七八	六六	八〇
倫理科		九二	九二
社会科		八〇	八五
選修科目			
（古典）			七〇
（社会）			九三
（英語）			八〇

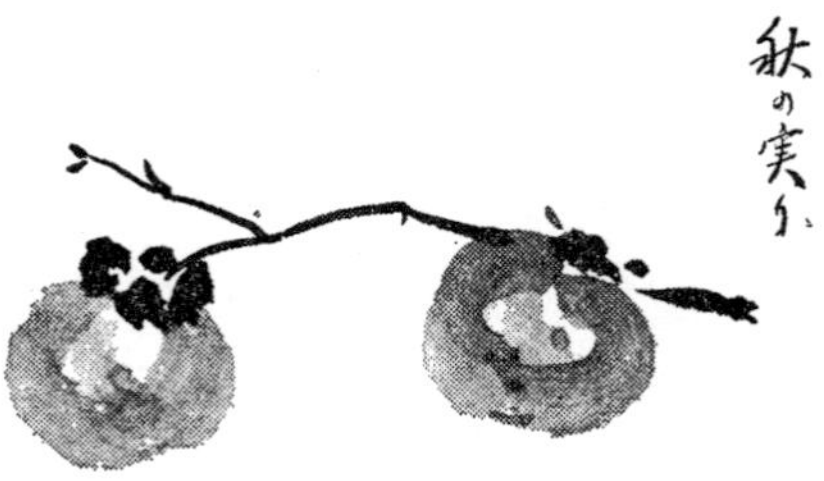

当時の静岡高等学校には、文科と理科があり、私は、文科一類（英語が第一外国語のクラス）で、六〇名位の人数だったと記憶しています。私のほかは、ほとんどが関東方面の出身者で、そのほとんどが東大を目指しましたが、私は、二年次のときに父が死亡したこともあって、関西の京大に進学することになりました。

なお、上記の成績は決して良くありませんが、その理由のひとつとして、自由に青春を謳歌し、文学書や哲学書は熱心に読むが、語学以外の学校の講義にはあまり出ないことをむしろ誇りにするという風潮があったように記憶しています。（ブログ二〇〇六・七・一）

六　京都大学法学部学生・院生時代

旧制大学在学時代

静高の私のクラスは、多くが関東および地元の出身者でしたので、一部の例外を除いて東大に進学するのが普通だったのですが、私だけが関西の出身だったのと、父が昭和二二年に急逝（五五歳）しましたので、経済的な理由からも、京大に進学することにしました。なぜ法学部を選んだかは、はっきりしませんが、友人どもには弁護士になりたいと言っていたようです。しかし、家庭の事情を思うと、京都でさえ大学生活が送れるか不安があったのです。

昭和二四年四月に大学の入学式がありましたが、詰め襟に角帽という制服姿の新入生のほかに、陸士や海兵などの旧軍服姿の学生もかなり混じっており、女子学生は三〇〇人のうちわずか三人という状態でした。私には特別な知人もなく、下宿する資金もないという惨めな状態で、ともあれ学生寮に応募しましたが、入寮が決まるまでの半年間ほどは、結局、郷里の滋賀の北端から京都まで通学するという方法しかなかったのです。朝四時四〇分の一番列車、といっても貨車

太田君と正門の時計台前で

に一両だけの客車のついた汽車に乗って、大学に到着するのが九時というスケジュールでしたが、これも戦時中の清水での生活を思えば、精神的には耐えられたのです。しかし、これが体をこわす原因になったらしく、入寮後、二回生の始め頃から結核の症状が出て、休学する破目に陥ることになってしまいました。

しかし、大学での講義は、さすがに最高学府にふさわしい豪華な教授陣による水準の高い魅力のあるものでした。憲法の佐々木惣一、刑法の瀧川幸辰、民法の末川博（非常勤）、政治思想史の恒藤恭（非常勤）、国際法の田畑茂二郎、政治学の田畑忍（非常勤）といった錚々たる顔ぶれでしたが、私はマルクス経済学の講義や歴史学にも興味をひかれていました。まだほとんど教科書は市販されておらず、ボールペンはもちろん万年筆もない時代で、インク壺にペン先を入れてノートに筆記するという方法だったのです。

ここで私は、はじめて「刑法」に出合ったのですが、大学の一回生で、著名な瀧川先生に、前期は総論、後期は各論の講義を聞いて、これが全体として一科目として学年末に筆記試験がありました。法経第一教室という大きな階段教室で、部屋は薄暗く、マイクの声も聞きにくい状況の中で、あまり休まずに講義を聞きましたが、刑法の歴史や罪刑法定主義の問題とともに、私がとくに興味をひかれたのは、責任論の分野で、いわゆる「確信犯」に刑罰を科することができるのか、それは責任ではなく危険性を理由に処罰するのではないかといった疑問を出されたことでした。ドイツの「暴れ馬事件」を素材にして、その行為以外に適法な行為をすることの「期待可能性」のない場合があるという考え方も紹介されました。私は、図書館で、佐伯千仭先生の「刑法における期待可能性の思想」という本を借りて拾い読みをしましたが、それが刑法学説というものの奥深さにはじめて触れる機会だったのです。その年の試験には、「責任と危険性の関係」といった問題が出たことも覚えています。

こうして、一回生のときは、比較的真面目に講義も聞いて勉強したのですが、まわりの時代状況は顕著に変化しつつありました。すでに戦後の民主的な解放期は過ぎて、米ソ間の冷戦期に入っており、国際的には中華人民共和国の成立という大きな

メーデーの日に。太田、林の両君と、左が著者
(昭和25年5月1日)

変化がありましたが、国内的には、下山、三鷹、松川事件などの謀略的な事件が相次ぎ、朝鮮戦争を契機に、政界やマスコミ界にも「レッドパージ」の嵐が吹き荒れ、団体等規制令から破壊活動防止法に至る新しい治安法制の再編が進むという、まさに「逆コース」の時代にあたっていたのです。学生運動も高揚し、私も参加しましたが、大学側の対応も次第にきびしくなり、多くの困難に直面せざるをえませんでした。

私はこの時期に、結核の症状が出て、休学のやむなきに至りましたが、病院治療の費用もなく、自宅での安静治療に専心することにしました。一年後には、一応復学手続をとりましたが、この闘病生活は実際には数年間に及び、正常な生活への復帰には多くの困難を伴いました。まず、大学の講義はそれ以後いっさい出席できず、学年末に試験だけを受けるという方法で、何とか単位を揃えましたが、刑法の瀧川ゼミだけは出席しなければなりませんので、最終学年の一年間だけ、週に一回通学するという変則的な方法で、ようやく卒業できたのが昭和二八年三月のことでした。

このように、私の大学生活は、時代的にも暗く内容的にも惨めなものでしたが、それでも将来に残る二つの収穫がありました。その一つは、自宅で病気療養中に、ロシア語を勉強し、これを何とかものにした点です。ほとんど独学で、ほかに何もすることのない合間の集中的な勉強でしたが、これが将来私が刑法の研究者となる上に大きな役割を果たすことになるとは夢にも思っていなかったのです。

第二は、瀧川先生の刑法ゼミですが、これだけは休まずに真面目に参加しました。先生は気が短くて、学生の報告の途中でしばしばストップをかけられたのですが、そうならないための要領を身につけるべく努力しました。法学部には卒業論文の制度はなかったのですが、ゼミのレポートとして、私はソ連の刑法教科書の「刑罰論」の部分を翻訳して提出したことを覚えています。

旧制大学院在学時代

私の卒業した昭和二八年三月当時は、日本経済は閉塞的な不況下にあり、きびしい就職難の時代に当たっていました。その上に、旧制大学の最終の学年と新制大学の最初の学年とが競合したために大学卒業生が倍増する状態にあり、一流大学の卒業生といえども就職は容易ではなかったのです。私も、いくつかの企業の就職試験を受けましたが、最終的には結核がまだ治癒していないという理由で、すべて不合格となってしまいました。大学は卒業したけれど就職がないという最悪の状況に追い込まれたのです。

郷里に帰って母校の新制高校の教師になることも考えましたが、結局は、大学院に進学すべく、一大決心をしてゼミの瀧川先生に願い出ることにしました。これが私にとっての運命の分かれ道で、その間いろいろな経緯がありましたが、最終的には大学院の研究奨学生として採用されることになりました。親からの仕送りの全くない無一文の私にとっては、当時の月額一万円の育英会の奨学金は、天の恵みであって、これで京都に下宿して、大学院生として落ち着いて「刑

京都鳴滝の下宿近くで（昭和34年10月頃）

法」の勉強ができる経済的な基礎が与えられたのです。このときの感慨は、今でも忘れられません。

指導教授の瀧川先生からは、ドイツの代表的な刑法の体系書を示してこれを読むようにいわれただけで、特別に個人的な指導を受けたことはありませんでしたが、私がロシア語を読めることについて、自分も戦前の時期に、末川先生などとロシア語を勉強したことがあったといわれ、未開拓な分野を研究することを勧めて下さったのです。

大学院に残ってからの私の勉強には、いくつかの目標がありましたが、第一は、まずわが国のこれまでの刑法の大家の体系書を精読して、その基本思想と刑法解釈の異同をできるだけ詳しく比較するという作業でした。これは、自分でノートに要約し、これを体系的に整理するという手間のかかる基本的な仕事でしたが、これが後日、『刑法の基本思想』という本に集約されるもとになった源です。

第二は、ドイツ書の講読という作業ですが、この方は、平場先生の新制大学院のスクーリングでの外国語文献の講読に参加することや、後の述べます「刑法読書会」での外国文献の輪読会で報告を分担するという形に解消されてしまって、本格的で主体的な訓練を身につけるという姿勢に欠けるところがあったことを、今でも痛切に反省しています。その主たる原因は、第三のロシア語の文献の講読とその紹介に大部分の力と時間を割かざるを得なかったところにありました。ロシア語の文法は一応わかっていても、法律用語を含む長い文章を、辞書をたよりに読解していく作業は苦労と忍耐を要する仕事でした。

しかし、私がその方向をあえて選んだのは、体制の異なるソ連の刑法が実際にはどのようなものなのか、日本を含む資本主義の刑法とどこが違うのか、という点をできるだけ正確にかつ早く明らかにしたいという強い欲求と使命感のようなものがあったからだと思います。戦前の時期に、すでに当時のソ連法に関する若干の翻訳書は出版されていましたが、戦争で完全に中断されてしまい、戦後の研究は、少なくとも刑法については始まったばかりだったので、開拓者的な意味があったのです。

大学院の研究奨学生は、前期二年、後期三年に分かれていたと思いますが、私は、前期二年を終わって後期に入った昭和三〇年八月には、研究助手に採用されましたので、大学院での生活は二年を少し越えた期間で中途退学したということになります。その間、一方では結核の再発の危険を回避するために、きわめて節制した日常生活を強いられながらも、他方では、最初の研究論文（これを「処女論文」といいます）の構想とその執筆に全力を集中しました。奨学金つきの「特別研究生」といわれる「特権」を享受できた古き良き時代であります。

しかし、戦後社会の「逆コース」化はこの時期にも着実に進んでおり、昭和二九年には警察法の改正によって自治体警察が廃止されて中央集権的な国家警察へと改編され、同じく昭和二九年には防衛庁設置法が制定されて、いよいよ「自衛隊」が姿をあらわし、安保条約にもとづく防衛秘密保護法が制定されるなど、保守化と右傾化の大きな転換期に当たっていたことも、当時の時代状況として忘れてはなりません。

古い日記

連休中に古い資料を探していたら、随分古い学生時代の日記が出てきた。日記はほとんど書いた記憶もないのでめずらしいものだ。古いノートの表紙には「日誌」という記載があり、一九五二年一月七日よりとなっているが、中身はほとんど白紙で、わずかに一九五二年一月七日から同年四月一七日までと、一九五三年八月三日から同年九月三日までの間、読みにくいペン書きの字で数ページが埋められているにすぎない。

前半の一九五二年始めの時期は、私が京大法学部三回生当時で、結核のため長期休養を余儀なくされ、大学は休学して雪国の田舎で療養していた頃である。勉強したい気持ちは持ちながらも、大学の講義にも出られず、就職の心配もあって、あせりと悩みの気持ちがにじみ出ている。

「英文毎日は毎日来るし、法律時報、エコノミスト、会社法など、勉強のための材料は揃っているのだが……、根気が続かず、体への影響も考えてあまりつめてはやらず、気まぐれに流されている」とある（結局は、身体検査で就職試験は不合格に終わった）。

一方、後半の一九五三年夏の時期は、ようやく大学院の特研生に採用された後、京都の鳴滝に下宿を始めた頃にあたる。研究者になるための身分と方針は決まったものの、いまだ体調に不安をかかえた駆け出しの頃のおぼつない心境が現われている。「暑いけれど、するだけの勉強はせねばならない。今日はドイツ語をやった。語学には根気が肝要」と書きながら、「八月に入ってから余り几帳面に勉強していない。刑法学も全く前途遼遠だ。確実な一歩こそ大切だ」というように、まだまだ軌道に乗ったとはいえないひ弱さが感じられる。当時は二七歳の独身時代であるが、体重は一七貫八〇〇グラム（約六七キロ）と記録されている。

それ以後は、一九七四年から一九七六年までの二年間ポーランドに留学していた期間の日記が残されているだけで、あとは毎年の行事手帳によってしか、過去の記憶を辿ることができない。私にとっても、日記を続けることはできなかったのである。（ブログ二〇〇五・五・三）

ロシア語との出会い

過日、京大での私の刑法ゼミの一期生にあたる上田寛氏（立命館大学教授）が拙宅に来訪され、昔の思い出話をしました。

上田さんもロシア語を勉強して、ソビエト刑事法の専門家になられたのですが、ロシア語との出合いは、彼が京大法学部の学生時代に、刑事法の宮内裕先生がゼミのガイダンスの席で、新しい外国語としてロシア語を学ぶ意義があるという趣旨のことを言われたことがきっかけだったという話を聞きました。彼と同期の友人の田中利彦氏（検事を経て現在は弁護士）も一緒にロシア語を勉強したことがあるという話も始めて聞きました。

ところで、私とロシア語の出会いはさらに古く、私が学生時代の戦後当初の頃で、熊野君というシベリア帰りの友人から手ほどきを受けるべく、宮内先生の研究室に集って、「ロシア語第一歩」という本で勉強を始めたことがきっかけになっています。宮内先生からはドイツ語を習いましたが、ロシア語は先生と一緒に学んだという不思議な因縁があります。

その後、私は結核のため大学を休学して田舎に帰りましたが、体の静養しながらロシア語の独学に励みました。宮内先生からお借りしたソ連の刑法教科書を翻訳するというのが、ひそかな念願だったのですが、それが刑法の勉強にもなったといういきさつがあります。

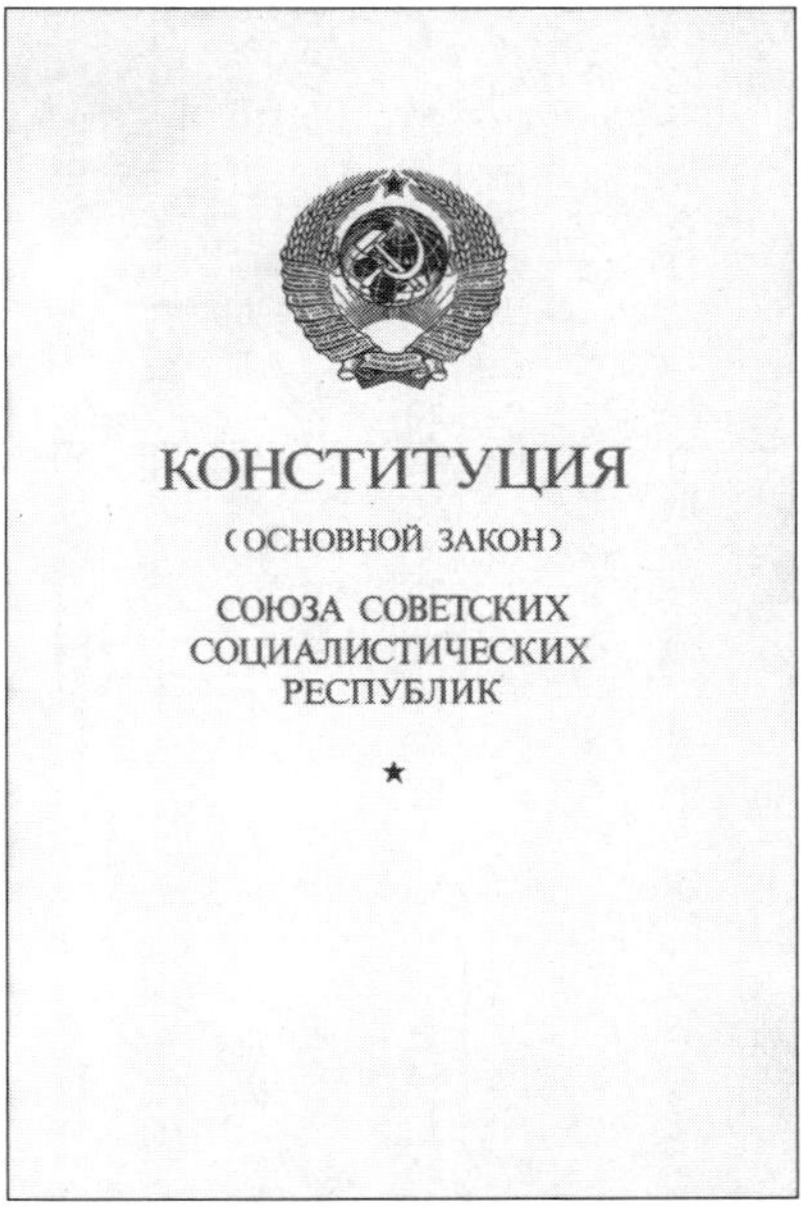

ソビエト社会主義共和国憲法

そして、もうひとつの奇遇は、刑法ゼミの瀧川幸辰先生ご自身が、戦前の大正デモクラシーの時代に、末川博先生などとともに、ソ連とロシア語に興味をもち勉強されたことがあったという歴史的な事実です。末川先生には、「ソビエト・ロシアにおける民法と労働法」という著書があり、瀧川先生もソ連の刑法に関心を示しておられたのです。

今は、時代が変わり、ロシア語を勉強する学生などほとんどいないのが現状だと聞きますと、淋しい気持ちになります。その上に、戦後から長くロシア語の文献の出版と販売を手がけていた「ナウカ書店」が最近倒産したらしいという知らせを聞くと、さらに淋しい感じがします。（ブログ二〇〇六・七・一七）

私の病歴

私の年齢は今七八歳を越えているが、まあ何とか健康を維持して、今でも研究生活を続け、むしろ楽しんでいるといったところである。私どもの同僚や後輩の中には、病気のために亡くなったり、病気療養中で動けない人も少なくない。その点で、私は幸運に感謝しなければならないと思う。しかし、私自身も必ずしも常に健康に恵まれたわけではなく、深刻な病気に悩まされたこともあった。

ひとつは、大学生の時代に罹患した「結核」である。これは、戦後当初の食糧難で栄養失調になり、自宅から長時間の通学をするなどの無理が原因で発病したものであり、療養費もないので、田舎で長期の「自然療法」を強いられた。そのため、大学は休学し、卒業後は就職もできず、それが大学に残るきっかけになったことについては、先に述べたことがある。一応の回復後も、数年間は朝六時起床、夜九時就寝という、きびしい「摂生生活」を余儀なくされた。夕方になると微熱が出るという、この病気に特有の気分は今でも忘れ難いものがある。

今ひとつは、大学を退職する前後の七〇歳頃のことであって、これは甲状腺の治療中に全く偶然に発見された「脳下垂体腺腫」という病気であった。直ちに外科手術をして、結果的には幸い成功したが、私としてはあぶないと思って、事前にはとりあえずの身辺整理をしていたのである。術後の二・三日間は地獄の苦しみを味わったが、回復は予想外に早く、わずか一週間あまりで退院したので、ほとんど誰にも知られないままに、平常に復することができた。しかし、鼻や喉に後遺症が残っているほか、一時耳がほとんど聞こえなくなるなどのトラブルもあり、補聴器を探し回ったこともある。しかし、その後は特別の異常もなく安定し、もうしばらくは命を保ってくれそうで、有難いと思っている。（ブログ二〇〇五・九・一六）

荒神橋と鴨川

一月二九日（日）は、刑法学会関西部会が午前一〇時から京大会館で開かれることになっていましたので、朝早くから外出し、市バス停の「荒神口」から歩いて会場まで行く途中に、荒神橋を渡るとき、少し時間がありましたので、鴨川の河原に降りて、川辺を散策し、快晴の朝の散策を楽しみました。

天気は快晴で風もなく、遠くには雪の北山が展望され、空気は清浄で川辺は明るく輝いており、犬と散歩する人やジョギングする子ども達の姿も見られて、すっかり気分が爽快になりました。いつもは、付近の景色を見ながらこの橋を渡るだけなのですが、一歩川辺に降り立ってみると、自然との距離が近くなり、より新鮮な感覚を味あうことができることを実感しました。

ところで、この「荒神橋」には、私が京大の学生時代に発生した「荒神橋事件」の歴史的な思いも交錯しています。もう記憶は遠くなり、すぐに思い当たる資料も手元にありませんので、おおまかな回想ですが、たしか昭和二五年（一九五〇年）頃に、京大生を主体としたデモ隊がこの荒神橋の上で、京都府警の警察官と衝突するという事件が発生したというものです。すでに、その前の一九四九年には、下山事件、三鷹事件、松川事件という怪事件が相次いで発生し、誘発された社会不安と反対運動を取り締まるために、占領軍の勧告を受けて、各都道府県にデモを規制するための「公安条例」が相次いで制定されるという暗い時代に入っていたのです。私自身は、結核にかかって帰郷していましたので、犠牲を免れましたが、私の友人にも逮捕者が出たと聞きました……。

その後、私は『現代社会と治安法』（岩波新書、一九七〇年）を書いて、戦後の反動期の治安法の動きもフォローしたことがありますが、大東亜戦争の惨禍から日本人は何を学んだのかということを繰り返し反省してみる必要があるという思いは今も変わっていません。

しかし、それにしても、今は京大生のデモなど考えられないという状況の下では、荒神橋の思い出も忘れ去られてしまいそうな淋しさを感じつつ、橋を後にしました。（ブログ二〇〇六・一・三〇）

瀧川ゼミコンパ（昭和28年３月、京大楽友会館）

京大会館と楽友会館

昨年一月のブログを見ましたら、一月二九日（日）の刑法学会関西部会に出席するために、朝早くから京大会館に出かける途中、鴨川にかかる荒神橋の辺りでしばらく散歩したと書いていました。そして、一年後の今年も一月二八日（日）の朝に、ほとんど同じような経路をたどって、一人で、荒神橋周辺の川辺をしばらく散歩し、昔を偲びました。冬の朝は寒いものですが、以前の冬はもっと寒く、京都の雪景色も決して珍しくなかったと記憶しています。

最近は、関西部会はほとんど京大会館で開かれるのが通例となっていますが、かつては、百万遍から東山通りを南に下がった近衛通りに「京大楽友会館」という施設があり、そこが関西部会をはじめ各種の会合によく使われていたことを思い出します。古い建物でしたが、あたりも静かで、当時としてはモダンな風格を備えた落ち着いた建物でした。そのうえに、京大会館と比べると、所在する場所が分かりやすいのが最大のメリットでしょう。そして、この東山通りにはまだ市電が走っていたという風景も、懐かしく思い出されます。

当時の楽友会館には、学生の出入りはご法度であったと思いますが、私自身は、学生であった敗戦後の昭和二七、八年当時に、瀧川先生の刑法ゼミがこの楽友会館で行われていたという記憶があります。絨毯を敷きつめた廊下や黒塗りのテーブル、椅子などは、当時の素朴な大学のキャンパスの建物には見られない「豪華」なものに思われました。

今、私の手元には、昭和二八年頃、京大三回生当時の瀧川ゼミが楽友会館で行われたことを示す写真が一葉残っていますが、そこには、瀧川先生のほか、八名のゼミ生が写っています。毎年一二月にゼミ生の会を開くことになっていますが、その場所は、今は京大会館になっています。

(ブログ二〇〇七・一一・三〇)

瀧川先生との出会い

瀧川先生と共に（昭和30年頃）

私が昭和二四年（一九四九年）四月に京大法学部に入学したときは、憲法が佐々木惣一、民法が末川博、刑法が瀧川幸辰、法哲学が恒藤恭、政治学が田畑忍といった豪華な教授陣がそろっており、私も最初の一年間はノートをとって講義を聴き、これらの科目の学年末試験も受けました。瀧川先生の講義は分かりやすく、とくに責任論（意思自由論）には興味を引かれたことを今でも覚えています。

しかし、二年目からは学生運動にかかわり、結核にかかって一年間休学し、復学後も大学の講義はほとんど受講せず、年度末の試験だけを受けて、辛うじて卒業しました。

私は、学生時代から宮内裕先生のところでシベリア帰りの友人にロシア語を習っていましたので、宮内先生のおすすめもあり、刑法の瀧川ゼミを選択しました。ゼミ

瀧川ゼミの皆さんと、前列中央が瀧川先生、前列左端が著者（昭和28年頃）

にはほとんど休まずに毎週出席したと思います。そして、卒業前に先生の研究室を訪問した際、ロシア語ができるのかと問われ、自分も戦前の大正期に末川先生などとロシア語の勉強会をしたことがあるといわれた後、私が持参していたロシア刑法の本の表紙の題名をすらすらと読まれたのが印象的でした。そのようなことあって、私は瀧川先生の指導の下で大学院に進むことになったのです。

しかし、旧制の大学院にはスクーリングがなく、先生は多忙のご様子で、あまり日常的な指導を受けることはない状態でした。ただ、図書館の本を借りる際には、指導教授のサインが必要でしたので、遠慮しながら研究室に電話をかけてから伺い、その際に研究上のアドバイスも頂くというのが慣わしになっていました。ドイツ法については、リストの教科書の二二版を示して、これを読むようにいわれたことを覚えています。

当時の京大法学部では、瀧川先生は特別の存在でしたので、そのもとで弟子の私などは風当たりが少なくすんだように思っています。（ブログ二〇〇五・四・二三）

瀧川ゼミと楽友会館

瀧川ゼミ生の会のことを書きましたので、昔の瀧川ゼミのことを思い出すままに記しておきます。もちろん記憶は薄れていますので、主観的な思い出のいくつかです。

大学の最終学年のゼミ（演習）は、三科目分の単位に相当していましたが、私は最初から刑法の瀧川ゼミを希望していました。結核の病気からの休学明けで、まだ無理はできず、週に一回、ゼミに出席するだけで、郷里（滋賀の北部）で療養していました。

学内にもゼミに使える小教室はありましたが、そこでゼミが開かれた記憶があまりなく、むしろ近所の近衛通りにあった「京大楽友会館」の方が印象として残っています。写真も残っていますが、コンパでも、先生は洋室でワインを飲むというスタイルを好まれていました。

先生はすでに定年に近く、短気なところもあって、ゼミ生は報告を途中でさえぎられて立ち往生するという場面もよくあったようです。旧制よりも新制のゼミ生に厳しかったようで、気の毒な気がしました。

今回、ゼミ生の会をこの「楽友会館」で開こうと思って、久しぶりに訪れましたが、すでに食堂の営業はなくなっていました。しかし、内部はかつての研究会や食堂の部屋を含めて、昔の情緒をそのまま漂わせており、しばし感慨にふけりました。大学を卒業して院生になって以降も、この楽友会館は、刑法学会関西部会などの研究会の場所として長く使用されていたのですが、学生時代の瀧川ゼミの場所としてお世話になった最初の出会いの頃が一番なつかしい気がするものです。

因みに、余計な私事にわたりますが、私どもの結婚式の披露宴も、この楽友会館で行われました（昭和三三年）。（ブログ二〇〇五・四・一四）

瀧川ゼミ生の会

私が京都大学在学時代に所属していました「瀧川ゼミ」生の会が、卒業以来始めて、実に五〇年ぶりに、二〇〇四年一二月一二日、京大会館で行われました。二〇名近くのゼミ生のうち、所在を確認することができたのは、その後の追跡で一五名に達しましたが、当日は準備の不十分さのほか、体調のすぐれない人もあって、出席は五名にとどまりました。それでも、瀧川先生の次

秋山氏、熊谷さん、中野氏、著者、安藤さん、福島氏
(2004年12月12日)

女に当たられる熊谷栄子様も出席され、六人で昼食をともにしながら、なつかしい昔話に時の経つのを忘れました……。

私どもは一九五三年の卒業ですが、この年は旧制大学の最終期生と新制大学の一期生とが重なったため、卒業生の数が倍に膨れ上がり、未曾有の就職難だったことを思い出します。ゼミ生は卒業して分散しましたが、私のほか何人かは大学院に残りました。瀧川先生は翌年から学長になられましたので、瀧川ゼミも実は一年のみで、私どもの学年が最後となっています。

当日の出席者からは、この会を是非続けたいという強い希望が出ましたので、とりあえず次回は、二〇〇五年一二月の第二日曜日(一二月一一日)に開催することを全員で確認して散会しました。そこには、いつまで生きられるか分からない世代の思い入れがあるといってよいでしょう。(ブログ二〇〇五・四・一一)

秋山氏、中野氏、福島氏、井戸氏、著者（2005年12月11日）

第二回の瀧川ゼミ生の会

このブログの四月に、昨年一二月に行われた第一回の瀧川ゼミ生の会のことを書いた際に、第二回目の予告をしておきましたが、去る一二月一一日（日）の正午から午後三時まで、京大近くの京大会館で、第二回目の瀧川ゼミ生の会を開きました。

今年の一二月の京都は大変寒くて、無事に開けるかどうか心配しましたが、案の定、出席予定者の中からも急に体調を崩す人が出て、結局ゼミ生一四名のうち出席者は五名にとどまりました。昨年ご出席頂いた、瀧川先生の次女にあたられる栄子様は、今回は体調を考えて出席されませんでしたが、私が先月お伺いしたときはお元気で、瀧川ゼミ生の会のことを喜んでおられました。

欠席者の中には、病気で外出できないという人がかなり多く、七〇代後半という年の重みを感じます。この一年間に亡くなったというゼミ生の訃報も届き、淋しい思いをしましたが、元気で若かった在学時代の面影をみんなで偲びました。

しかし、当日出席した五名はみな元気で、再会を喜び合いました。今回は、鎌倉から来てくれたゼミ生が学生時代の昔話をよく覚えていて、昭和二八年卒業前後の若かりし頃の話題に花が咲きました。なかでも、深刻な就職難の話が出て、まともな就職先がなく、苦労した話は、私自身の経験も含めて、当時の最大の関心事であったことを思い出しました。五人とも一流企業への就職はできなかったのですが、その大きな理由のひとつとして、当時の学生運動に関係していた者が三人もいたことも当時の時代的な特徴をあらわしています。何とか中企業にすべりこんだ者以外は、大学院に籍を置き、司法試験を目指しましたが、その中のゼミ生に裁判官となった者がいたことは（福島重雄氏）、私が大学に残って研究者になったこと以上に「偶然」と「幸運」の結果ではなかったかというのが、出席者の一致した意見でした。

こぞって今の世相を嘆きつつも、来年もまた再会したいという共通の念願を胸にして、記念写真をとって別れることになりました。（ブログ二〇〇五・一二・一四）

私の学業成績（京都大学）

私は、昭和二四年四月に、旧制の京都大学法学部に入学しました。一年次は、講義に出ましたが、二年次には結核の発病が分かったためやむなく田舎に帰省し、三年次は「休学」して全く大学に出ず、四年次も演習（ゼミ）だけ出席するという危ない橋を渡って、昭和二八年三月にようやく卒業しました。

卒業のためには、外国法三科目必修を含む二四科目の単位が必要でしたが、学年末試験の成績は以下のようになっています。

第一年次（昭和二四年度）

一	憲　法	（佐々木教授）	八五
二	*英米憲法	（大石教授）	八五
三	法理学	（加藤教授）	八三
四	刑事学	（宮内助教授）	七五
五	政治史	（田畑忍教授）	八二
六	政治学史	（恒藤教授）	八五
七	社会政策	（岸本助教授）	八〇
八	社会学	（臼井教授）	七〇

第二年次（昭和二五年度）			
九	刑　法	（瀧川教授）	八〇
一〇	国際法　I	（田畑茂教授）	七八
一一	ローマ法	（田中教授）	九〇
一二	西洋法制史	（田中教授）	八〇
一三	財政学	（潮見講師）	八三
一四	＊英米国際法	（田畑茂教授）	八〇
第四年次（昭和二七年度）			
一五	民法　III	（末川・磯村教授）	七五
一六	日本法制史	（猪熊教授）	九〇
一七	政治史	（猪木教授）	九〇
一八	国際政治学	（立川教授）	八三
一九	経済政策	（豊崎教授）	八〇
二〇	＊英古代法	（猪熊教授）	七八
二一	国法学	（大石教授）	八〇
二二			
二三	刑事法演習	（瀧川教授）	八〇
二四			
	＊外国法三科目		
二四科目　平均			八一・五四

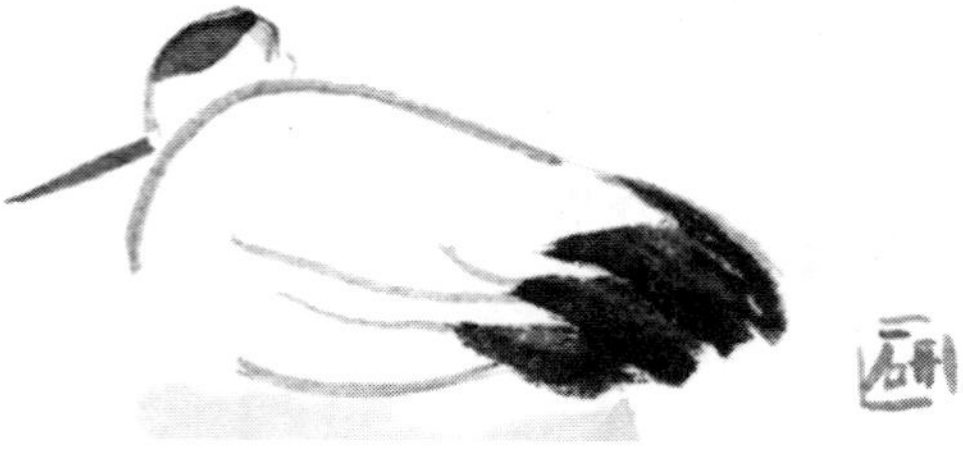

総平均が八〇点を越えて、それが大学院研究奨学生に採用される縁由となったのですが、その内容は、いわゆる六法科目をカバーする余裕がなく、政治学や経済学などに傾いたものになっていることが判明します。学生運動にも関与しながらの正味一年半の在学期間では、この結果もやむをえないもので、むしろ上出来だったといえるのかも知れません。

以上で、私の学業成績の記録は終了しました。（ブログ二〇〇六・七・三）

七　京都大学法学部在職時代

はじめに

私は、昭和三〇年八月に京都大学助手に採用されましたが、かつて指導教授であった瀧川先生はすでに京大総長になっておられ、京大の刑事法のスタッフとしては、平場安治教授、宮内裕教授、桂静子助教授の三人という状態でした。しかし、当時の私は、京大に在職するようになったことの責任感や重圧というよりも、ともあれ大学教員として就職できたことの喜びの方が大きかったように思います。その頃には、結核の予後もようやく安定を取り戻し、体調面でも大きな心配はなくなっていました。

刑法の研究面では、「刑事責任と意思自由に関する理論の歴史的概観」と題する処女論文を中心に、文献の紹介や判例批評も並行して手がけていましたが、処女論文が昭和三一年の京大の法学会の月刊雑誌である「法学論叢」に二回に分けて掲載される以前に、すでに昭和三〇年の同雑誌に、ソ連の刑法文献の紹介と日本の判例批評が掲載されています。これらは大学院時代の仕事

助手コンパ　左から龍田氏、奥田氏、著者、野口氏、上山氏、園部氏（昭和31年6月19日）

の一部分ですが、はじめて自分の名前を冠した文書が伝統的な学術雑誌の一角に掲載されたときの何ともいえない感慨は、今でも忘れることができません。これが、公表された私の研究業績の出発点となったものです。その後、私の研究業績の発表は、一九五五年に始まり、現在の一九九九年までの四五年間、一年のブランクもなく連続して増加していきますが、その最初の出発点が何といっても印象深いものだったと思っています。

私の助手時代は非常に短くて、わずか一年後の昭和三一年一一月には助教授に昇格しています。しかし、最初は大きな講義の負担はなく、外国書講読などの小クラスの授業だけにとどまり、基本的に研究面に専心できるという恵まれた時期が続きました。大学の管理運営ももっぱら「教授会」が責任を持ち、助教授の責任は無

園部氏の研究室にて（昭和31年6月）

きに等しいものでした。

　私は、昭和三三年に結婚していますが、大学の研究条件には恵まれていたものの、生活条件は貧しく、木造アパートの一間を借りての生活から出発し、抽選にあたった公務員宿舎も狭い二ＤＫで、自転車で大学に通い、家では子供が寝た後、食卓を片づけて勉強するという有様で、文字通り清貧に甘んずるというつつましいものでした。

　さて、昭和三〇年代の私の研究の大部分は、ソ連および東欧諸国の刑法文献の紹介とその検討に集約されていたといってよく、その開拓に全力を尽くしましたが、しかしそれを単なる外国法の紹介にとどめないためにも、日本や西欧諸国の刑法との比較検討という視点が必要不可欠であったのです。そのためには、「刑法学会関西部会」に所属して他の研究者と交流する必要があったのですが、私は京大に残った関係でその事務局役を引き

法学部教職員対抗野球大会での著者（昭和31年９月）

受け、関西の刑法学全体の動きにも注目する機会を得ました。しかし、それ以上に私の研究生活を実質的に支えることになったのは、当時の若い助手や院生に諸外国の刑法文献の紹介と発表の場を提供するという目的で、佐伯先生のご発案で作られた「刑法読書会」という月例研究会が始まったことでした。私は、ここでとくに佐伯千仭先生の人柄と学問の影響を強くかつ深く受けるようになったのです。そして、この「刑法読書会」は、昭和三〇年頃に発足したのですが、実は現在まで延々と四〇年以上も続いています。当時は院生・助手であった私どもの年代は、すでに古稀を迎えた長老となっていますが、佐伯先生は九〇歳を越えてなおご健在で、死刑廃止問題や陪審制導入の問題に、今でもかつての情熱を失っておられません。

ところで、昭和四〇年代は、日本は高度経済成長期の後、交通戦争や深刻な公害問題に見舞われるなど、変動のはげしい時期にあたりますが、大学にも矛盾が爆発して各地で「大学紛争」の波が大きく揺れた時代です。しかし、今から思えば、それは大学の保守的な伝統の破壊を試みただけで、自主的な改革の努力をも水に流してしまい、結局は「大学管理法」の名の下に外部からの干渉と統制に道を開くという結果をもたらしました。京大でも、昭和三五年の安保改定期を契機に、学内に「京大教官研究集会」という自主的な組織が、学部を越えた改革のグループとして形成され、私もその事務局を引き受けていたのですが、これも大学紛争によって中断されやがて消滅するに至りました。自主的なNGOの組織を失った大学が、上からの管理の下に分解し活力を失って行くのは必然的な過程であったと思っています。

私は、昭和四三年に、法学博士の学位を取得した後、教授に昇格しましたが、担当講座は「ソビエト法」でしたので、刑法の講義は割り当てられませんでした。しかし、宮内教授が留学先のドイツで急逝された後は、急遽、ソビエト法のほかに刑法の講義も分担することになりましたので、その機会に、刑法の体系書を執筆するという大きな課題を自覚するようになりました。この時期から、私の主要な関心は、刑法解釈論の方向に大きく転換することになったのです。

時あたかも、刑法学界は一つの転換期を迎えており、一方では、刑法改正問題の中で改正の理念と歴史観が問われ、他方では、犯罪現象の変化に応じた新しい刑事政策に方向づけられた視野の転換が求められていたのです。これに答えたのが、平野龍一博士の問題提起であったのですが、それは、権威的で国家主義的な方向からの「犯罪化」と「刑罰化」を目指す刑法改正に反対するとともに、有効な刑事政策に資する機能的な方法を提唱されたのです。東西の刑法学者十数名から成る「刑法研究会」が組織され、そこで二年間にわたる密度の濃い研究会が行われましたが、私もこれに積極的に参加し、そこで平野刑法学から多くのものを学ぶことができました。私は、これを佐伯刑法学と結合させることによって、憲法にもとづく民主的で自由主義的な刑法学を構築すべきであるという確信を抱くに至ったのです。この点は、今でも変わっておりません。

しかし、大学内部には多くの問題が山積し、一部の過激な学生運動と一般的な無関心の中で、紛争前のアカデミックな雰囲気はすでに失われていました。私自身も、一部学生との間のトラブルの中で動きのとれない窮状にありましたが、その時期に幸い文部省の在外研究員としての留学が認められて、昭和四八年から二年三か月の間、日本の煩わしさから解放されて、外国での生活を体験しました。主要な拠点は、東欧のポーランドの首都のワルシャワでしたが、二年余りの間に、ポーランドの国内はもちろん、当時の東ドイツ、チェコ、ハンガリー、ユーゴスラビア、ブルガリア、ルーマニアなどの東欧諸国を汽車で回り、西側にも出て、当時の西ドイツに三か月間滞在し、東西の刑法の比較研究というテーマに実地見聞という方法でアプローチしました。そこで、さまざまな貴重な体験をしましたが、ここで具体的な話題をお話するだけの余裕がありません（帰国後、体験記として『ポーランドの法と社会』昭和五三年、成文堂、を出版しています）。

ただ、一般的な感想として少しだけ申しておきますと、ポーランドにはナチスの侵略の跡を含めて戦争の傷痕が多く、しかもこれを将来の平和の反面教師として意識的に残そうとしているのに対して、日本には広島の原爆跡のみが残されているのみで、戦争の跡と体験が忘れられようとしているという点で、いちじるしい相違があること、それから日本の大量生産・大量消費・大量ゴミの生活に慣れた目からは当時のポーランドの実に簡素な生活にかえって魅力を感じたことなどが思い出されます。ドイツでは今でも「節約」が美徳とされているのです。

さて、外遊からの帰国後の私は、すでに五〇歳台になっていましたが、猛烈な忙しさに襲われました。それは、外遊の成果の発表というあと始末の仕事とともに、『口述刑法総論』の執筆を始めとする多くの原稿の執筆、それから司法試験受験者のための答案練習会や特別講義のための度々の上京が重なったからでありますが、この時期には固有の刑法の理論研究の領域以外にも、戸別訪問や文書違反などの選挙犯罪、公務員の争議行為の処罰、公害関連犯罪、サラ金規制などの経済犯罪など、刑法理論以外の特別法上の犯罪にも広く関心を向けるようになりました。実は、これらの特別刑法の研究は、その時々の刑事事件の裁判に即して、判例の動向を批判的に検討するという立場から行ったものですが、そのような特別刑法上の犯罪の研究の必要性についても、つとに佐伯先生が強調されていたところでもあったのです。

定刻主義者の弁

まだまだ若いと思っている間に、研究生活も二〇年を越え、学風などとはいえないにしても、一定の研究スタイルが自然と定着してしまったような気がする。過去をふりかえる暇などないほど忙しいと言ってしまえばそれまでであるが、自己反省のためにも時には立ちどまって足跡をふりかえることも必要なように思われる。

ここでは、研究の成果と内容の点は一応さておき、研究生活上の智慧や合理化の工夫について一言したいと思う。研究者にとって第一の前提は、研究のための時間をいかにして確保するかという点にあるといってよいであろう。この点では、いわゆる大学紛争以前はなおかなり余裕のある古きよき時代であったといえようが、その後は状況が一変し、教育と行政にかかる増大する比重が研究にしわ寄せされるという傾向が顕著となり、すでに定着したといってもよいように思われる。したがって、意識的に研究時間の開拓に努力しなければ、研究の進展は望めないのである。

自分自身の研究計画を進めるにあたっての時間の配分は自らの責任で工夫することが可能であるが、問題なのは共同研究の場合である。とくに、研究上の相互交流の場として欠かせない「研究会」の活動をいかに合理的にかつ有効に運営するかという点が重要なように思われる。私自身

京大研究室にて（昭和50年頃）

についていえば、毎月少なくとも三回の月例研究会があり、その出席はすでに研究生活の中に日常化し不可欠なものとなっている。

ところが問題は、この研究会が他の一般の会合と同じように必ずしも定刻にははじまらず、時間のロスが大きいという点にある。私としては定刻化と能率化のために努力してきたつもりであるが、いつの頃からか帝国主義者ならぬ「定刻主義者」の名称を頂くことになった。しかしそうなってみると、余程特別の事情のない限り定刻におくれるということができなくなってしまったのである。ただし、このような自己拘束が負担ではなく当然のこととして日常化するとすれば、時間の有効な利用が板についたということができるであろう。

ところで「定刻主義」は、単に集合時刻の正確さにとどまらず、さらに他の領域にまでひろがる可能性をもっている。それは、研究計画の合理的な立案と仕事量の調整の上に立って、計画を可能な限り予定期間内に達成するという方向への意識的努力へとつながりうるように思われる。もしそのような工夫が怠られると、処理能力以上に仕事量が増加する一般的傾向の中で、予定が大幅におくれ、遂には不達成におわるということにもなりかねないであろう。

最近では、共同執筆の書物の編集にたずさわる機会がときどきあるが、若い研究者の中に原稿の〆切日をまもらず、平気で予定を大幅におくらせ、他の執筆者に迷惑をかける人があることを発見し、不思議に思うことがある。論文の内容で勝負すべきことはもちろんであるが、形式的な約束事の遵守もそれにおとらず大切ではないかと思うのである。

定刻主義は冷たい合理主義につきるものではない。むしろ逆に、定刻主義の思想が研究生活全体を貫いて行くためには、何よりも研究への情熱と使命感を涵養することが不可欠であることを強調しておかなければならない。定刻主義はそれを実現して行くための有効な手段なのである。「定刻主義者」とよばれる私としては、自戒の意味をも含めて、とくに若い研究者に苦言を呈するとともに、定刻主義者の陣営への積極的で意識的な参加を訴えたいのである。

（ジュリスト六六四号、昭和五三年五月一五日）

研究会と私

私の研究生活もいつの間にか長くなりましたが、自分で机に向かって本を読み、原稿を書くといった基本的な仕事のほかに、専門や問題関心を同じくする他の研究者と一緒に、研究会という形で接触し、情報や意見を交換し、討論するというチャンスを積極的に利用することが非常に重要ではないかと感じています。私と研究会とのかかわりをまとめておきます。

身近な研究会としては、まず「刑法読書会」がありますが、これは佐伯先生が提唱され、平場、宮内先生のほか、われわれの世代が助手、院生として参加したもので、外国文献の読書会として、現在まで五〇年近くも続いています（月例研究会と夏合宿）。「刑法学会関西部会」も、最初は月例研究会でしたが、途中から年二回の学会形式として定着しました。「刑事判例研究会」も歴史は古く、現在まで月例研究会として継続しています。「刑事法学の動き」は文献の合評会として、判例研究会に引きつづいて開催し、これも長い歴史があります。大阪では「刑事訴訟法研究会」が月例研究会として長く続いていますが、私も耳学問として参加しています。したがって、以上の研究会に休まず出席しようとすれば、土曜日はほとんどつぶれてしまうという忙しさを覚悟しなければなりません。

以上のほか、かつては、少年法や監獄法の研究会、それに脳死・移植問題の研究会などもありましたが、現在では「関西医療フォーラム」という専門を超えた研究会が継続中です。

それから、東京の研究者との交流で一番印象的だったのは、かつての刑法改正問題の時期（昭和四〇年代）に、平野、平場両先生を中心に形成された「刑法研究会」が何年か継続し、ほとんど毎月上京して、熱心に刑法改正問題を論議し、共同で著書も出版するという貴重な経験をした思い出があります。

研究会の意義はこのように重要なのですが、最近は、大学の業務が忙しくなりすぎて、現役の教授陣が研究会に出席する余裕がなく、研究会が低調になるおそれがあることを憂慮しなければなりません。若い院生の奮起に期待したいものです。（ブログ二〇〇五・三・二六）

刑法読書会のこと

前回に佐伯千仭先生のことを書きましたが、先生は『刑法読書会』という研究会の発案者であり推進者でもあります。その発足は昭和三〇年（一九五五年）秋頃のことで、佐伯先生は当時を次のように回想されています。「戦後しばらく離れていた教授生活に戻ってみると、研究室に残って勉強している若い大学院の学生諸君が、何にどこからどう手をつけたらよいのかと研究に些かとまどっているように感じたことと、またひとりで外国書―殊にドイツ書―を読むのがいかにも頼りなげであったので、その歩き出しのお手伝いをしようという気持だった。そこで京大と立命館の大学院の諸君を主なメンバーとして、平場、宮内教授と一緒にこの「刑法読書会」を始めたのである」（泉ハウス・刑法読書会二〇周年記念文集『梁山泊のひとびと』一九七八年、二頁）。

私自身は当時京大の助手でしたが、刑法読書会には仲間の院生とともに最初から積極的に参加し、月例研究会では、佐伯、平場、宮内の三先生に中先生を加えた豪華な教授陣に厳しく暖かい

後列左から繁田氏、著者、藤尾氏、光藤氏
前列左から佐伯先生、中川氏、井戸田氏、宮内先生
（信州蓼科、1960年）

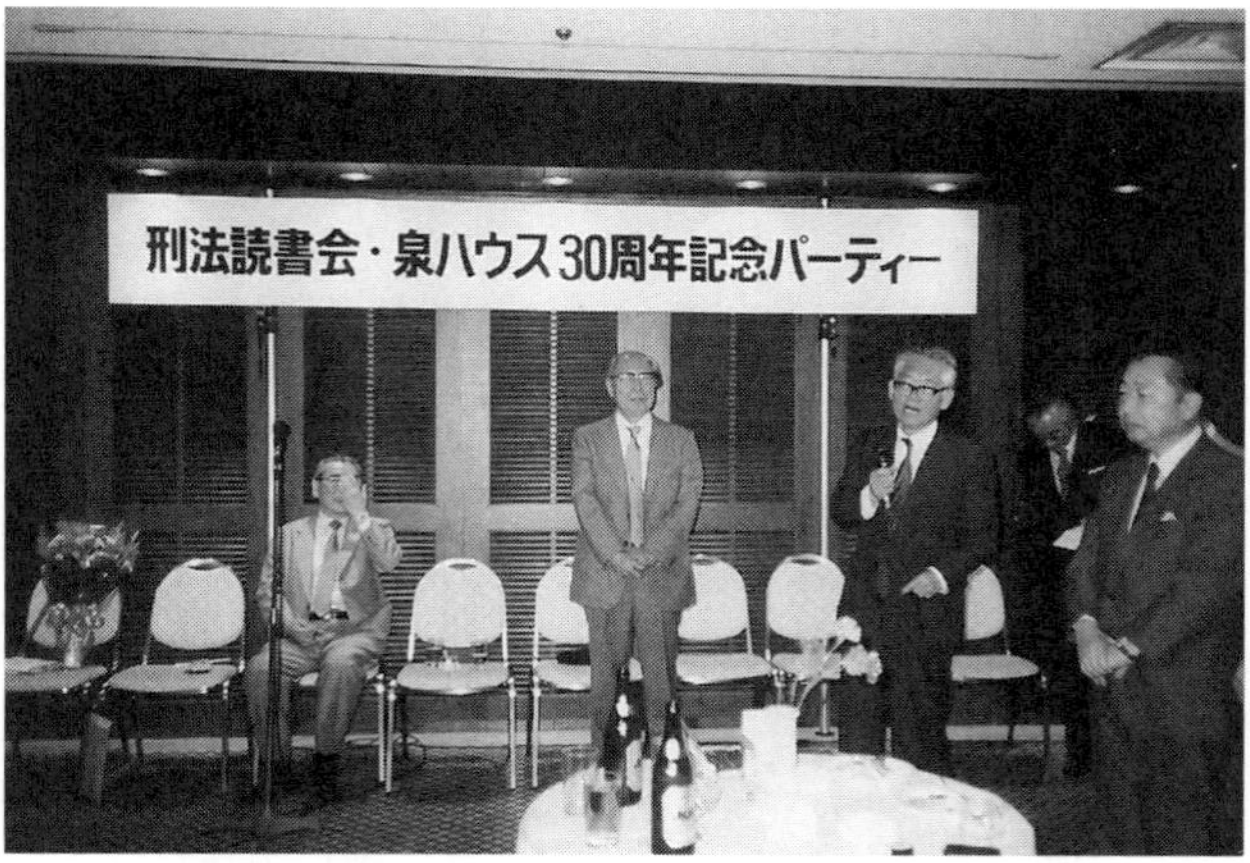

泉先生、佐伯先生、井戸田氏、中川氏、著者（1988年）

助言を頂いた若き日の熱い思いが今でも忘れられません。

刑法読書会は、その後も継続し、三〇周年には再び文集を発行して、連続記録をきざむことになりました（泉ハウス・刑法読書会三〇周年記念文集『続・梁山泊のひとびと』一九八九年）。

その間、宮内、平場、中の三先生のほか泉先生も亡くなられましたが、佐伯先生は読書会の象徴としてなおご健在であり、月例研究会は現在まで中断することなく続いています。今年も、八月には恒例の夏合宿が計画されていますが、信州の蓼科で佐伯先生とともに山登りをした頃のことがなつかしく思い出されます。（ブログ二〇〇五・六・二四）

研究会の効用

私は、大学に残って研究者を目指しましたので、自分で研究を進めて行く上で、とくに同じ専門に属する研究者の間で組織される「研究会」に積極的に参加して勉強してきました。研究者は、最終的には自分の仕事に独立して責任をもつという意味で、孤独な存在ですが、他の研究者仲間と交流して論争し合い啓発し合うという人間的な共同作業に深くかかわることによって、いわば研究を通じて互いの人格にも触れ合うという貴重な体験をすることができます。

しかし、そのためには、自分の研究を促進するために研究会をもっとも良く活用する方法を会得することが必要だと思います。私は、これまでの経験から、以下の三つの点が重要ではないかと考えています。

第一は、研究会にはできるだけ休まずに出席すること。そのためには、体調の管理を含めて、精神的な前向きの姿勢が必要になります。開始時間に遅れることも禁物で、「定刻主義者」でありたいものです。

第二は、研究会ではできるだけ質問し発言すること。これは、かなり難しいことですが、他人の報告を聞くときに、質問しようと思いながら聞くという習慣を身につければ、報告が終わると同時に質問をすることができるようになるでしょう。

第三は、研究会ではできるだけ報告すること。これも大変なことですが、自分の研究したことを相手に伝え、説明し、質問に答えるというもっとも重要な訓練になることは疑いありません。

あとは、これを繰り返し行うことによって、相乗効果が得られることになります。(ブログ二〇〇五・六・二五)

刑法読書会の五〇年

「刑法読書会」については、このブログにも書いたことがありますが、この研究会は昭和三〇年（一九五五年）の秋に始まったと記録されていますので、今年でちょうど五〇年になります。因みに、「梁山泊」とは中国山東省の西部にある梁山の麓にある天険の要地で、一般に豪傑・野心家の集合する所をいい、文集の題名は、中義勝先生の命名にかかるものです。

三〇周年の時から数えても二〇年を経過したわけで、最初から数えれば実に半世紀にわたることになります。私自身も、刑法読書会の発足当時は二八歳の若い助手でしたが、今はもう七八歳の老年になっています。しかし創始者の佐伯千仭先生は私よりもさらに二〇歳も上の九八歳のご長命で、刑法読書会の長命ぶりを体現しておられます。

刑法読書会は、月例研究会で、毎月第一土曜日、場所は立命館大学（かつては広小路、今は衣笠キャンパス）、午後一時半から五時頃まで、終わってから近くで有志の懇親会というスケジュールが定着しています。夏の合宿研究会も恒例の行事になっています。

私にとっては、もっとも関係の深い研究会で、発足以来、外国に長期に留学していた期間を除けば、ほとんど休まず出席を続けています。今日の一一月五日（土）の午後も出席してきたばかりです。帰りの道を歩いていて、ふと五〇年になるのかと思い、感慨もひとしおです。（ブログ二〇〇五・一一・五）

八月と合宿研究会

毎年八月は、休暇中であり、大学教員としての本業は休みになるのですが、研究者としては、夏の休暇中こそがまとめて仕事のできる最大のチャンスであると受けとめて、これまで長年の間、夏休みの期間を研究のためにいかに有効に利用すべきかという点に関心を集中してきました。「熱海とのご縁」については後に触れますが（本書一三四頁）、私は夏休み期間中を熱海にこもって集中的に利用するというスタイルを長年にわたって定着させてきました。

しかし、同時に、例年、八月は大切な共同研究のチャンスでもあり、ほぼ毎年、二つの合宿研究会に参加してきましたので、その点についても触れておきます。

一つ目は、佐伯先生の創設にかかる「刑法読書会」の夏季合宿で、これはもう一九五五年ころ以来、ほとんど毎年夏の恒例の行事として、私自身の研究生活には欠かせないもっとも身近な経験交流の場となってきたものです。普段は日帰りの「月例研究会」ですが、八月は二泊程度の合宿形式をとることになっており、それが集中的な研究意欲を促進するだけでなく、会員相互の懇親の場としても結集力を高める働きを持続させることになったと思います。

ただし、私としては、残念なことに、昨年も今年も家庭的な事情のため欠席が続いており、まずはこの空白を埋める努力の必要性を痛感しています。

二つ目は、日弁連の刑事法制委員会の夏季合宿で、この方も、すでにかなり以前から定着している結集力の高い研究会です。私は最初は助言者として、最近は委員として、可能なかぎり参加するよう心がけています。ここでは、刑事法の実践的な問題が主題になりますので、それに見合うような研究者としての貢献が期待されているのです。

昨年はこの方も休まざるを得ませんでしたが、今年は八月二六日から二泊三日の予定で参加することになっています。今、開催地の湯河原に近い熱海にいて、このブログを書いているところです。

以上からも、私の研究スタイルの特色のひとつが、夏季休暇期間を最大限に活用するという点とともに、できるだけ積極的かつ継続的に研究会に出席して、問題関心を広げることにあることをご理解いただけると思います。（ブログ二〇〇六・八・一四）

年末研究会のこと

今年も、一二月二七日と二八日の二日間にわたって、恒例になっている刑法読書会の年末研究会が開催されました。私は、一日目は大阪の裁判所に出かける用件がありましたので、二日目だけ出席しました。午前一〇時から午後五時過ぎまで研究会があり、その後の懇親会にも顔を出しました。以下では、今年の年末研究会の印象のいくつかを書きとめておきます。

第一は、出席者が多かったという点で、最大四〇名にも達する勢いでした。大部分は院生などの若い会員ですが、顔と名前を覚えきれい位になったのは、嬉しい悲鳴というべきでしょう。しかし、ロースクールの現役教授の姿がなお少ないのは淋しい限りです。

第二は、今年から会場が立命館のロースクールの新しい建物（二条駅前）に変わったことで、便利になりましたが、レストラン付の立派な建物を前に、かつての立命館の広小路の狭く古い木造の建物を思い出し、時代の流れを象徴する姿を回顧しました。

第三は、報告の内容にも関連するのですが、刑法読書会の生みの親である佐伯千仭先生の業績を検討する一連の研究報告がはじまったという点です。私自身も、その課題の一端を担っているのですが、佐伯先生の著書をあらためて読み直す絶好の機会にめぐまれたことを、自分自身の研究の足跡を辿り、反省するという意味でも、有益な機会として真剣に取り組みたいと考えています。

第四は、今問題となっている日本のロースクールの問題との関連で、アメリカとイギリスのロースクールの比較という報告がなされたことです。イギリスの法実証主義的な伝統に対するアメリカの法政策的な思考という特色の差に興味を惹かれましたが、それ以上に、アメリカのトップ・ロースクール（二〇〇校のうち一〇校ほど）がその特色を象徴的に表現しているという指摘の中にアメリカの現実を知る思いがしました。（ブログ二〇〇六・一二・二九）

ロシア語の「ナウカ」書店

七月二二日（金）の午後、大阪の事務所に顔を出したが、猛烈な暑さのため早めに引き上げて、梅田から阪急電車の快速特急に乗ったところ、全く偶然にも、隣の座席の人から声をかけられ、それがずっと昔、京大近辺の「ナウカ」書店に勤めていた人であることが判明し、びっくり仰天してしまった。これは、奇遇というほかはない。

「ナウカ」とは、ロシア語で、「科学」（science）という意味であるが、めずらしく対応するローマ字があり、Hayka と書いて「ナウカ」と読む。当時のナウカ書店からは、私の研究室用と私用とをあわせて、ロシア語の専門書を多く購入したが、当時のソ連の出版物は紙の質がわるく、製本もお粗末で、保管と整理に苦労をした。しかし、最大の利点は、価格が西欧の本と比べてはるかに安価で、遠慮なく多くの本をまとめて購入できた点にある。

私は、京大から大阪市大に移ってからも、一九九〇年のソ連崩壊までは、ロシア語の文献の購読と紹介を続けており、継続して購入していた刑事法を中心とする書物は今も大学の図書室に保存されているものと思われる。

当時の私にとっては、ロシア語の本は研究の主要な源泉のひとつであり、書物の翻訳を含む資料の紹介などは実に枚挙にいとまがないほどで、自分でも熱心に取り組んだかつての充実した基礎的な研究生活の日々がなつかしい思い出として残っている。

私は、その後、金沢の北陸大学まで研究室の本を運んだが、定年退職時には、とうとう置き場がなく、大事な本だけを残して、その多くを整理し処分せざるを得なかったのが悔やまれる。ロシアも変わったが、歴史的な意義は失われていないと思う。（ブログ二〇〇五・七・二三）

京都大学教官研究集会について

古い資料の中から、「京都大学教官研究集会」に関するものが出てきたので、その中からいくつかの事実を紹介し今に伝えておきたい。

京大教官研究集会は、一九六〇年の日米安保条約改定期における国会の強行採決に反対する民主主義擁護の国民運動の中で生まれたもので、当時の記録によれば、一九六〇年六月一四日に有志教官三八名が発起人となって安保改定問題について第一回の全学教官研究集会が開かれて声明を採択し、学内教官の間で署名運動が行われている。

そして、一九六〇年七月に世話人会が形成され、恒常的な組織として活動することになった。規約は明文化されなかったが、「目的」は安保問題で危機に瀕した民主主義を守り育てることとして意思統一し、「事業」としては学内外の諸問題に学部の枠をこえた全学的な立場から研究と話し合いの場を作り、専門分野の知識を交流することによって学部間の交流を行うこと、さらには学生をも対象にした講演会を開くことなどが提案された。

この京大教官研究集会は、その後一九六九年まで、約一〇年間、京都大学内の学部をこえた自主的な教官の集まりとして、実にさまざまな学内外の問題について活発な意見の交換をし、社会的なアピールの活動もしていた。その中には、安保問題のほか、大学の自治と大学管理問題、紀元節問題や小選挙区制の問題、日韓問題やベトナム問題まで含まれている。

当時の世話人は、各学部の中心的な錚々たる教授陣であったが、今では亡くなられた方が多く、事務局のメンバーもすでに退官している。私も、事務局員のひとりであったが、当時の一記録を復元することによって、国立大学の教員による自主的でリベラルな活動の「息吹き」の一端を明らかにしたいと思う。この続きは、またの機会にする。

「国立大学法人」（独立行政法人ではなく）となった国立大学における大学の自治と学問の自由の現状については、現役の教員に聞いてみたいと思う。（ブログ二〇〇五・五・三）

安保改定時の京大教官の活動（一）

さきに「京大教官研究集会」のことに触れたが、手元に残された資料の中から、当時の動きのいくつかを紹介することにする。

第一は、一九六〇年の日米安保条約の改定を前にした有志教授の要望書であり、これが時期的には最も早いものである。

「現在政府の意図している安保条約の改定については、国民の間に多くの疑惑と反対がありま す。われわれとしては、米ソ間の緊張緩和への国際的努力が高まりつつある現在、わが国もこの傾向を促進する義務があると思います。しかるに安保条約の改定はこの傾向に逆行するものであり、またわが国のアジアにおける立場にも好ましくない影響を与えると考えられます。他方、安保条約の改定は、国内的には憲法に違反し、軍備の増強をもたらし、これはやがてわれわれ研究者の研究と生活を圧迫することになるおそれも十分にあります。したがって、政府は、この際、改定を強行することなく、慎重に考慮されることを強く要望します」。

一九五九年一二月一二日

発起人
大枝益賢・岡部利良・貝塚茂樹・桑原正信・河野健二・小林稔・
重沢俊郎・四手井綱英・島　恭彦・杉村敏正・園原太郎・立川文彦・
田村松平・出口勇蔵・西尾雅七・西山卯三・宮地伝三郎・井上清

なお、この文書はガリ版刷りのものであり、末尾に、ご署名の際に一口一〇円以上のカンパをお願いしますという添え書きがしてある。学内の教官に回覧されたものと思われる。(ブログ二〇〇五・五・一七)

安保改定時の京大教官の活動（二）

一九六〇年の安保改定時の京大教官有志の活動としては、京大全学教官研究集会の呼びかけ文が残っている。第一回の案内は以下のようなものであった。

「ご承知の通り五月一九日に始まる国会の会期延長、新安保条約の強行採決は、わが国民主主義の前途にとって容易ならぬ事態を作り出しております。私たち大学研究者としましても、学生諸君の動向に無関心たりえませんし、研究や授業の上にも少なからぬ影響が現われていることを無視するわけにはいきません。私たちは、かかる混迷状態が一日も早く解消されることを希望すると同時に、一個の市民としてわが国の民主主義と議会政治の伸張をつよく願うものでありま す。右のような趣旨から、私たちはつぎの要領で全京大教官の研究集会を開催することに決定しました。この私たちの趣旨には、平沢総長も賛意を表明され、当日は出張中でありますが、「充分論議をつくして現在の混迷状態を打開する一助としてほしい」という意味のメッセージを託されました。どうか奮ってご参加下さるようお願い致します」。

六月一四日　火曜日　午後五時―七時（時間厳守）

場所　法経第七教室（法経新館、東側一階）

報告者　法学部　田畑　茂二郎

同　　杉村　敏正

昭和三五年六月一一日

発起人

重沢俊郎・園原太郎・織田武雄・鯵坂二夫・姫岡勤・田畑茂二郎・立川文彦・猪木正道・杉村敏正・宮内裕・松井清・豊崎稔・出口勇蔵・島恭彦・山岡亮一・堀江英一・岸本英太郎・岡部利良・友近晋・湯川秀樹・小堀憲・宮地伝三郎・速水頌一郎・小林稔・四手井綱彦・村上仁・西村秀雄・桜田一郎・西山卯三・大枝益賢・桑原正信・四手井綱英・生島遼一・田村松平・河野健二・桑原武夫・貝塚茂樹・井上清

なお、引き続き、六月二〇日（月）午後五時から法経四教室で、再度の全学教官研究集会を行う呼びかけの案内状も残っていて、当時の有志教授陣の心意気が伝わってくる。（ブログ二〇〇五・五・一七）

湯川秀樹博士のこと

最近、古い友人である物理の田中正さんと出会った機会に、湯川秀樹博士（一九〇七―一九八一）のことを聞き、昨年五月にこのブログでも紹介したことのある「京大教官研究集会」にかかわって、私自身も湯川博士に何回かお目にかかっていることを思い出しました。

記録によりますと、湯川博士は、この研究集会の世話人に加わり、実に三回にわたって、大学を取り巻く時事問題について報告されています。「大学管理問題について」（一九六二年六月二八日）、「大学の自治と学問の自由」（一九六三年二月一二日）、「大学院のあり方について」（一九六七年七月一〇日）がそれです。そこには、専門を越えた大学研究者としての実践的な姿勢が見られます。

この機会に、田中さんが引用されている湯川博士の敗戦直後の時期の注目すべき二つの指摘の部分を紹介しておきたいと思います。

「原子力と合理性について」（一九四六年八月、毎日新聞）「私はもとより科学の万能を信ずるものではない。しかし自然の探求を通じて鍛えられ、それだけ大きな成功を収めた『理性』の力には大きな信頼をかけるものである。人間の良心といわれるものも、理性によって支えられて初めて客観的に正しい行為を行う原動力となるであろう。……それにしても合理性の支配する領域はまだ少なすぎる」。

「科学の進歩と人類の進化」（一九四七年八月、京都日々新聞）「原子爆弾が文明の破壊に導くか否かは、これが出現した地球的世界に人類が全体として適応するか否かにかかっている。……万一原子爆弾が人間を戦争にかり立て破壊―自滅へと導くことになったならば、それは物理学のうちたてた高度の文明世界に生物としての人類が適応しなかった証拠になるかも知れぬ」。

（以上、雑誌『科学』七六巻四号、湯川・朝永生誕一〇〇年、田中正「戦争と科学の世紀を生きた湯川博士とアインシュタイン―二人の出会いに寄せて」三九〇頁より）。（ブログ二〇〇六・一二・二四）

昭和一桁世代

私は昭和二年（一九二七年）生まれなので、昭和一桁世代の中でも一番古い方に属する。私どもの世代は、戦争末期に軍とかかわった者が多く、当時の大学のキャンパスには陸士や海兵の軍服を着た学生も稀ではなかった。私も、高等商船学校で海軍の兵籍に編入されていた。

病気休学した後、大学に残って刑法学会に入った私は、貧乏でなかなか東京まで出かけることもままならなかったが、すでに頭角をあらわしていた東大の藤木、早大の西原、慶大の宮沢らの同世代の学者の存在を意識し、その仕事ぶりに注目していた。その後、私どもは同世代を意識し

左から、西原氏、藤木氏、著者、田宮氏（昭和40年）

た親密な交流を始めるのであるが、そこには三つの契機があった。

第一は、「法律学の未来像―昭和生まれの学者による座談会」（書斎の窓、一三二、一三三号、有斐閣、昭和四〇年）であり、藤木英雄（東大助教授）、西原春夫（早大助教授）、田宮裕（北大助教授）、中山研一（京大助教授）の若い四名が、それぞれの未来像を語り合っている。

第二は、「刑事政策講座」（一―三巻、成文堂、昭和四六年）であり、藤木、西原、中山のほか、宮沢浩一（慶大教授）を加えた四人の共同編集となっている。序文には、刊行の趣旨として、世界的な動向を踏まえつつ、わが国の刑事政策の現状を認識・評価し、将来を展望しようとするものであるとうたわれている。

第三は、「現代刑法講座」（一―五巻、成文堂、昭和五二年）であり、さきの刑事政策講座と同じ四名の共同編集となっている。その序文には、学界の中で年齢的にほぼ真中の世代に属する私どもが、かつての学会の「講座」に範型を求めた新しい「現代刑法講座」の出版を企画するものであるとうたわれている。

とくに、後者の二著は、四名の共同編集作業として、思い出深いものがあるが、第一の座談会については、二〇年後か三〇年後にフォローアップ・スタディをしたいと言われていた藤木教授自身が最も早く亡くなられ、田宮教授もすでに他界されてしまい、フォローアップ・スタディができないのが、何としても残念である。（ブログ二〇〇五・六・二七）

ポーランドの思い出

わたくしは、一九七四年から一九七六年九月まで、約二年三か月間の海外留学の大部分をポーランドで過ごした。その間、東欧のその他の諸国にも、また西欧の国々にも出かけたが、最も長く滞在したワルシャワが何といっても一番なつかしく、いまだに忘れられない数多くの思い出がある。

研究テーマは、東西ヨーロッパ間の犯罪現象の比較ということで、ポーランドを中心に専門的な実態資料の蒐集に努力したが、ここではポーランドの市民生活を見聞した中から、若干の感想を書きとめておきたいと思う。

まず第一は、慢性的な経済的困難という点であり、それはすでに当時から存在していた。日用品の不足と買物の行列は、今日の日本の状況からは考えられない不自由さであった。しかし考え方によっては、無駄のない簡素な生活はかえって気楽であり、物を大切にする工夫を生み出すようにさえ思われる。それは、日本がぜいたくすぎて、簡素な生活を忘れているのではないかという反省につながる。

第二は、ポーランド市民の文化生活の水準の高さという点である。ショパン、コペルニクス、キュリー夫人の三人を国民的英雄として誇る彼らは、とくに文化と芸術に高い関心と理解を示し、ショパンの音楽を情熱的に鑑賞するのみでなく、多くの家庭で音楽を自ら演奏することも多い。ショパンの像のあるワジェンキ公園では、毎日曜日無料の野外演奏会が開かれて、教会帰りの市民でにぎわい、音楽会やオペラも頻繁に行われて、その料金も非常に安い（オペラの一等席が当時の日本円で七〇〇円ぐらい）。わたくしも、ワルシャワ滞在中は毎週のように出かけ、大いに文化的であったが、帰国後はほとんどその機会がない。日本では、テレビなどのコピー文化が発達しすぎて、本物に直接触れる機会が失われているのではないかという反省が生まれる。

ワルシャワのスターレ・ミヤストにて（1975年）

第三は、地方分権主義の伝統という点である。ポーラン

ポーランドウッジ大学より名誉博士授与、成文堂阿部社長夫妻と（1974年）

ドの首都はワルシャワで、政治や行政の中心であるが、各県の地方都市はそれぞれに特色と風格を備えていて、文化的には決してひけをとらない。大学も同様で、ほとんど格差はみられず、県単位の学区制が基本的に確立している。ワルシャワへの集中傾向は否定できないが、地方のバラエティとのバランスがなお維持されているように思われた。そしてこの点でも、日本はあまりにも中央集権化の傾向が強く、首都東京に多くのものが集まりすぎているように思われる。大学間の格差もいちじるしく、それは偏差値のコンピューター化によって固定化されつつある。

経済大国日本の積極的な側面をみとめた上でも、初心を忘れない冷静な反省の眼が必要なように思われる。

その後、ポーランドでは、連帯運動の高揚

と戒厳令による挫折のあと、なお困難な状況がつづいている。暖かい眼をもって、再びワルシャワを訪れてみたいと思う。（「滋賀の経済と社会」No.29〈財団法人滋賀総合研究所〉、昭和五八年秋季号）

なお、私とポーランドとの縁は深く、一九七四年から二年三か月間滞在したあとも、一九八六年と一九八九年の二回、短期に訪問する機会がありました。とくに、一九八九年には、ウッジ大学のホイスト教授の推薦で、名誉法学博士の学位を頂くという幸運にめぐまれました。日本の学位授与の形式とは全く違って、重々しいガウンに帽子という伝統的な服装をつけた荘重な雰囲気の儀式で、すっかり緊張しました。ただ、最初にイギリスの物理学者の学位授与式が行われましたので、同じスタイルにならうということで何とか大役を果たし、最後に英語でお礼のスピーチをして、無事に儀式は終わりました。学位記も立派なもので、額に入れて、大事に保存しています。

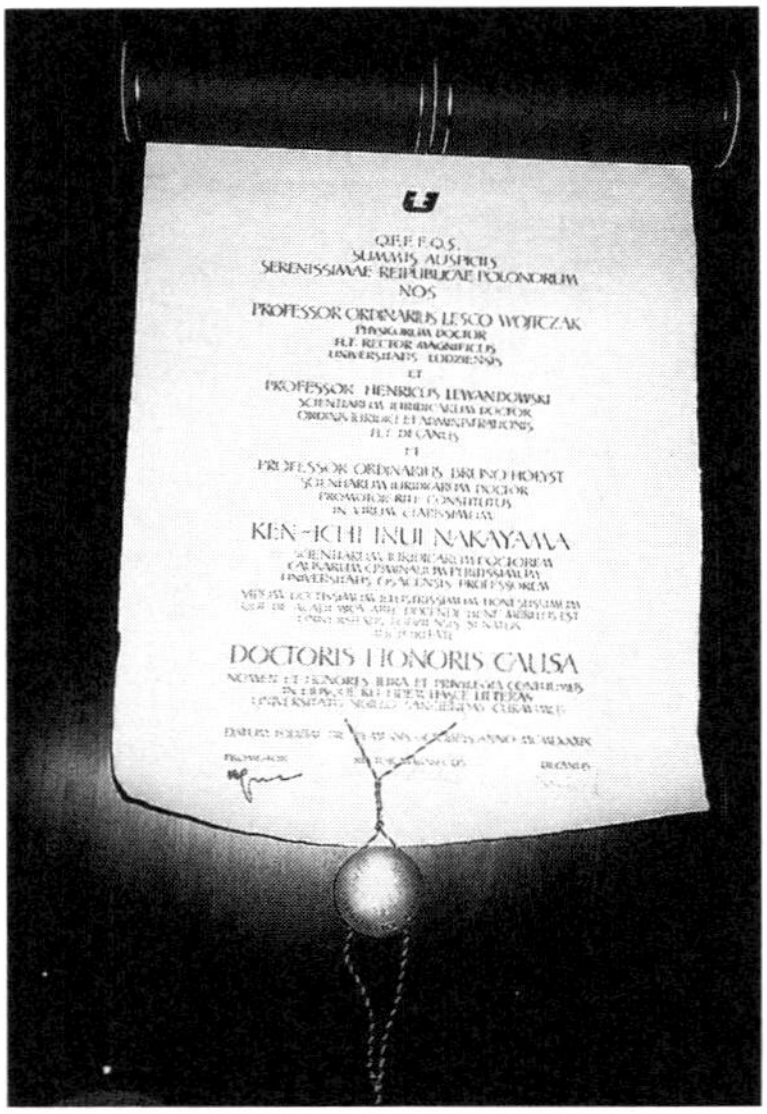

ポーランドウッジ大学より名誉博士証書

八　大阪市立大学法学部在職時代

はじめに

私は、昭和五七年で京都大学を退職し、同年四月から大阪市立大学法学部に移籍しました。六三歳の定年まであと八年間を余していましたので、異例の移籍でしたが、結果的には、静かに途中退職するという運命に身を委ねることになりました。

大学までの通勤の時間がかなり長くなったことと、夜間に講義のある日は帰宅時間が遅くなることなどの不利な状況もありましたが、何よりも嬉しかったのは、大阪市大の教職員からも学生からも暖かく迎え入れられたという点であります。心機一転、この大学でも力を尽くして働き、年来の研究も続行し発展させたいとひそかに念願していました。

巨大な国立大学と比較しますと、その規模はやや小さいものの、公立大学としての特性として、文部省よりも大阪市との関係が直接的であるという点に、これまで気のつかなかった特色も見られました。なかでも法学部は、伝統的に自由な学問的雰囲気に包まれており、私は自然にその中に溶け込んで、教育にも研究にも前向きに新しい意欲をもって立ち向かうことができました。刑法の講義はたのしく、ゼミの学生も熱心で、卒業前のゼミ生が京都の自宅まで押しかけてきて、狭い座敷が一杯になるといったことも、たのしい慣例になっていたのです。

大阪市大の法学部では、法学部長や大学の評議員などの役職はおおむね教授が順次に選任されるという慣行があり、私もこれらの役職を経験しました。当時の大学は、学生寮をめぐる解決困難な問題をかかえており、大学紛争の余波がまだ陰湿な形で続いていたのです。役職者は否応なしにその前面に立たされ、辛抱強い解決のための努力を続けなければなりませんでした。学部教授会の議題も多く、議論が長引いて、夜遅くまで続くことも稀ではありませんでしたが、学部自治を担う責任と協力という点ではスタッフの間に共通の連帯意識があり、その重要性も自覚することができたのも貴重な体験でした。

一方、研究の面では、移籍という状況の変化にもかかわらず、ブランクというものは全くないままに、五〇歳代後半の充実した研究生活に入っていました。この頃はまだワープロは普及しておらず、原稿用紙にボールペンで自筆するというスタイルでしたが、この時期には、多くの論文とともに、『刑法総論』と『刑法各論』という体系書を、それぞれ二年づつかけて、計四年間に執筆し、出版するという大きな仕事を完成したことが成果として残っています。これらは、いずれも原稿用紙で三千枚にも及ぶ大部なものですが、自筆で書いた記念すべき出発物として、印刷後も、原稿を処分せずに製本して今でも大切に保存しています。当時は、本の印刷も大変な時代で、原稿の活字を一つ一つ拾ってこれを一頁毎に枠に入れ、鉛版に流し込んだ上で印刷するというもので、淡路島にあった印刷所に泊り込んで原稿の校正作業をしたというなつかしい思い出があります。今は、ワープロ原稿を写真印刷するという新しい技術の時代で、原稿の校正作業も楽になりましたが、一冊の本が出来上がるまでの工程にどれだけの人々の苦労が組み込まれているのかということを実際に体験できたのも貴重な思い出となっています。

還暦の頃の伊豆旅行

私は、「成文堂」という出版社から多くの本を出していますが、それは昭和四〇年代半ば頃に先代の社長に出会ったのが機縁で、その後、現在の社長の時代に至るまで、約三〇年間にもわたって深い交流関係が続いています。小さい出版社ですが、何よりも著者と読者を大切にし、心の通い合う良い本を出版しようとする姿勢に、私が全面的に共感したからであります。書物の外見ももちろん大切ですが、そこにどれだけの思いと情熱とサービス精神が含まれてい

還暦祝賀会のあいさつ（1987年1月10日大阪東急ホテル）

るかという点こそがより重要で、それが人の心に訴える原動力であることを忘れてはならないと思います。

さて、私は大阪市大在籍中に満六〇歳の還暦を迎えました。昭和六二年（一九八七年）一月九日で、今から約一〇年前のことです。以前は、著名な学者には「還暦記念論文集」を弟子達が献呈するという慣例があり、刑法の分野でも、牧野、小野、瀧川、佐伯、などの諸先生に献呈された還暦論文集が出版されていましたが、高齢化時代になって、これが一〇年後の「古稀記念論文集」に代わりつつありました。そして現に、団藤、平野、大塚、福田、中、などの先生に献呈された古稀記念論文集が出版されています。

私にとっても、満六〇歳の還暦を迎えたことは一つの感慨でしたが、私の周りの若い人達が中心となって、私のために「還暦祝賀会」を開催して下さっただけでなく、「余呉の湖」と題する記念文集を献呈して下さるという恩恵に浴しました。これは、私にとって望外の喜びでしたが、私自身もこの機会に「一定刻主義者の歩み」と題する小冊子を成文堂に印刷してもらって、祝賀会に出席して下さった方々を中心に献呈いたしました。これは、公けの出版物ではない非売品でしたが、その中には、私の少年時代の作文や、その後の随想のほか、それまでの研究業績の一覧表とともに、すでに出版した書物の「はしがき」を集めて、そのときどきの私自身の問題意識をフォローするなど、一つの反省と総括を試みたものでした。

それから三年後の平成二年（一九九〇年）三月に、私は満六三歳をもって、大阪市立大学を定年退職することになりました。在籍八年間という比較的短い期間でしたが、忘れ難い思い出も多く、大学からは名誉教授の称号も頂き、京都大学の名誉教授と重なることになりました。また、学部では最終講義の機会を与えられ、さらに、市大法学会の機関誌である「法学雑誌」に、惜別記念号を加えて頂きました。

なお、大阪市大の在職期間中に、大阪市や日本学術振興会の海外派遣研究員として、アメリカ、ポーランド、ドイツ、イギリス、それにソ連のレニングラード（現在のサンクト・ペテルブルグ）に二度、さらにオーストラリアにも短期に留学する機会を与えられたことを付け加えておきます。

私の外遊日記

ポーランド人の旧友から来た懐かしい手紙を読んで、外国での生活を思い出し、これまでの古い外国留学の体験を記録した数冊のノートを取り出して、拾い読みする機会がありました。私は、普段はまとまった日記をつけたことはないのですが、外国に出たときは欠かさず日記をつけていましたので、その記録がほとんど全部残っています。今これを読み返して見ると、実に懐かしい昔の日々の記憶がよみがえってきます。そして、これらも「自分史」の一部として、できればまとめた記録として残しておきたいと思うようになっています。

ここでは、とりあえず、私の主要な外国留学の時期と場所を簡単な一覧表にしておきます。

① 一九七四年六月一四日―一九七六年 九 月 六 日　ポーランド、東ヨーロッパ
② 一九七七年九月 五 日―一九七七年一一月 三 日　ソビエト連邦
③ 一九八五年九月二〇日―一九八五年一二月一六日　アメリカ、ポーランド、西ドイツ
④ 一九八九年三月三〇日―一九八九年 四 月二五日　ソビエト連邦
⑤ 一九八九年九月一〇日―一九八九年一〇月二〇日　ソビエト連邦、オーストリア、ポーランド
⑥ 一九九〇年一月二八日―一九九〇年 二 月一一日　オーストラリア

以上が、まとまった日記等によって記録化されている外国留学の時期と場所ですが、以上のほかにも、短期の外国訪問はかなり多く、中国（上海、北京）、台湾、カンボジアなども含まれています。そして、以上のような外国留学で得た有益な情報については、その都度、法律雑誌などに紹介の記事を書いています。そのうち、一番まとまったものは、ポーランドへの二年間の留学体験を記録した一冊の著書です（『ポーランドの法と社会—東ヨーロッパ法の実態研究』（一九七八年、成文堂）。（ブログ二〇〇七・一・四）

高山さん、アンブロシ氏、著者

三〇年前のリュブリアーナ

京大の高山佳奈子さんから、先週パリで開かれた国際刑法学会の理事会で、スロヴェニア共和国（旧ユーゴ）のアレンカ・シェリフ女史に会ったというメールが、そのときの女史の写真とともに送られてきました。これには、以下のようなエピソードがあります。

私は、かつて外国留学中の一九七六年三月一一日に列車でハンガリーのブタペストを出発してスロヴェニア共和国の首

左から二番目がシェリフ女史

都リュブリアーナに入りましたが、出迎えて下さったのが当時リュブリアーナ大学のドツェントだった若いシェリフ女史でした。リュブリアーナは小じんまりとした実に美しい町で、小さな湖は雪と氷におおわれていました。三月一五日にベオグラードに出発するまでの数日間、私はこの町に滞在し、大学の刑事法研究室に通いました（この旅行記録は、拙著『ポーランドの法と社会』成文堂、一九七八年、一三六頁以下に収録されています）。

その後、いつの間にか関係は途絶えていましたが、昨年（二〇〇四年）の一一月二五日に、京大の高山さんのところに留学してきていたマティアス・アンブロシ氏にお会いする機会があり、その折に、もしかしてと思って見せた昔の写真によって、実は彼がシェリフ先生の直系の弟子であることが判明してびっくり仰天したということがありました。

早速、シェリフ女史にメールを送って、偶然に交流を再開する機会を得たことを喜び合いました。私は、もうすっかり年をとりましたが、彼女はまだスロヴェニアの刑法学者の重鎮的な存在だと思います。今度送られてきた写真を見ても、三〇年前とあまり変わらないほどの若々しさが見られます。

スロヴェニアと日本の若い有能な研究者が、私たちが開いた交流の輪を広げていってくれることを祈らずにはおれません。(ブログ二〇〇五・六・七)

国際交流と日本語

最近、約二年間、文部省在外研究員として外国に留学する機会があり、国際交流の点で考えさせられるところがいくつかあった。そのうち、最も基本的で重要なものは、やはり言葉の問題である。

わが国の法律学の水準は、欧米先進資本主義国の制度および理論をたくみに吸収して、今やこれらの諸国に比して決して遜色のない程度に達しているといってもよいように思われる。学者の数も増え、著書・論文などの出版状況もきわめてさかんである(「出版公害」の声も聞かれる)。しかし、これら多数の法律文献のほとんどが日本語で書かれている現状の下では、それらは国際的な学問交流の次元では全く無価値に転落せざるをえないことも事実である。わたくしも、今回の留学の機会に何冊かの著書を持参していったが、それらは所詮外国人にとっては単なる書棚の飾り以上のものではなかったのである。

国際会議などでも、公用語は通常、英、仏、西、露などに限られ、日本語は発言のみならず文献（ペーパー）としても全く市民権のない状態である。これは大変なハンディキャップだといわれなければならない。日本の法律学の相対的に高い水準が、言葉の障害の故に、国際化を決定的にはばまれているといってよいのである。

日本語自体が国際的な公用語の一つになる日まで待つことが夢物語だとするならば、わが国の法律学とその業績を国際化するための特別な努力がなされなければならない。その一つは、いうまでもなく、わが国の業績を国際語のどれかを用いて表現するという仕事である。それはこれまでも部分的にはなされてきているが、いまだ決定的に不十分であり、これをより組織的なものにして行く体制づくりが要請されているというべきであろう。国際会議に際して、関係官庁からの公式のペーパーしか提出されないという状態は、最低限度改善されるべきものと思われる。

次に問題なのは、学者間の国際交流を実効あるものにするために、国際語を「話す」能力をいかに開発するかという点にある。これは、日本から外国に留学する学者にとっておそらく最大の課題であるといってよいであろう。外国の文献を正確によみこなす能力の相対的な高さにもかかわらず（それは西欧人にとっては一つの驚異ですらある）、外国語を実際に話すことがいかにむずかしく、またその能力が乏しいかを思い知らされたのはわたくしだけではあるまいと思われる。これをわが国における外国語教育の欠陥に帰することはたやすいが、この点についても現状を改善すべき何らかの工夫を具体的に検討すべき段階にきているというべきであろう。

留学中、外国人から日本語の将来についていくつかの質問を受けた。文字、とくに漢字の学習が日本人（小中学校の生徒）にとっても過大な負担ではないのか、タイプ化を容易にするためにこれをローマ字化することができないのか、といった点がそれである。これは大問題であり、容易には解決はできないであろう。しかし、一方で日本語の中に卑俗な外国語が混入することによる混乱と堕落の傾向がみられる点を念頭におくならば、国際化時代における日本語の将来がいかにあるべきかを真剣に検討すべき段階にあることだけはたしかであろう。

さしあたり私見としては、日本語の特色をその文字、とくに漢字とともに、さらには漢文調の明解でかつ味わいのある表現とともに維持し発展させることと、国際語の学習（読解と会話）とは本来両立させるべきものであり、かつ両立させうるものと考える。それは自国語が国際語でない国民が当面せざるをえない困難な課題であるが、この困難をさけて通ろうとすれば、両者とも不徹底となり、所期の目的を達成することはできなくなるであろう。

（ジュリスト六三一号、昭和五二年二月一五日）

阿部義任前社長との出会い

阿部さんが亡くなられてから、もう一年近く経過した。昨年の今頃は、『刑法各論』の執筆がまだ三合目ぐらいのところで、夏休みの集中的な執筆計画を立てていた頃だったと思う。七月一八日には、熱海で阿部さんにお会いする約束になっており、その準備も完了していた矢先だっただけに、急の訃報を聞いたときは文字通り愕然とする思いであった。その心のこりを背負いながら、しかしともあれ、各論は何とか阿部さんの一周忌を迎えるまでに仕上げることができた。受け取って見て頂けないのは残念であるが、わたくしとしては、阿部さんとの約束を何とか果たすことができたことで心をなぐさめている。今、総論と各論を並べてみると、この表紙の色と体裁は、総論ができた昭和五七年秋に、阿部さんがみずから選択し推奨されたものであったことを思い出す。この二冊は、この意味でも、阿部さんの思い出がとくに

阿部さんと熱海にて（昭和50年）

色濃くにじんだ書物として、長くわたくしの心にのこるものになるだろうと思う。各論の執筆を促進した契機や原因は、ほかにももちろんあったが、熱海での仕事の際にはいつも阿部さんの暖かいはげましを背中に感じていたことも大きな力になっていたように思われる。

ところで、そんなに親しくなった阿部さんと、一体いつ頃からどんなきっかけでおつき合いをはじめるようになったのかを考えてみると、記憶は必ずしも定かではないが、おそらく昭和四五年頃が最初の出会いではなかったかと思う。その頃、わたくしは、宮内教授が亡くなられたあと、京大で刑法の講義を担当しなければならなくなる状況におかれており、何かまとまったものを書かなければと考えていた。そして、モデルとしては、同世代の西原さんの『刑法総論』(法学基本問題双書)(昭四三、成文堂)に注目し、いわばこれに対抗するようなものを心に描いていた。そこで、その西原さんから阿部さんに連絡して頂いて、上京したある機会に、たしか東京駅丸の内側の地下の喫茶店で阿部さんとお会いしたのが最初だったように思う。汽車の待時間との関係で、短かい会見であったが、おそらくそのときは、『刑法総論の基本問題』の出版の話が主題だったのであろう。阿部さんの誠実で謙虚な人柄は、最初からわたくしにとって好印象であったことはもちろんであるが、その段階では、成文堂の出版社としての力量についてはまだあまり知らなかったので、果たして出版がスムーズに運ぶかどうかについて、最初からそんな大きな期待はもっていなかったし、また阿部さんの方でも、おそらくすぐに実現するとは考えておられなかったのであろう。

しかし、ともかくわたくしは、約束を果たすべく、昭和四六年の夏休みを集中的に利用して約半分（四―五百枚）を書いたところ、阿部さんはこれを第一分冊として、その年の一二月に出版してしまったのである。そのスピーディな処理には感心したが、同時にその熱意にも大いに感ずるところがあった。その後、おたがいに注文をつけたり、あるいは苦言を呈したりすることもあったが、この出発点における立合いの呼吸とタイミングのよさが、その後も基本的に失われず、幸運にも維持されていたように思われる。

その後、わたくしは二年間外国に留学し、本来ならばその関係が中断するはずであったが、実際には阿部さんとの連絡は絶えることがなかった。一つは、定期的に法律雑誌と週刊誌を送ってもらったことにもよるが、今一つは、留学前の仕事であった『口述刑法各論』の半分程を外国に持ち出し、原稿や校正刷りを航空便でやりとりし、実際上出版作業がつづいていたからである。阿部さんには、外国まで追っかけられたのである。そして、帰国後昭和五二〜三年頃は、仕事の面における阿部さんとの関係は最も密接かつ充実した時期であり、西原さんを中心に、藤木、宮沢さんにもとりかこまれた阿部さんは、最もはりきった意気軒昂たる時期であったように思われる。

藤木さんが急逝されたあと、阿部さんも病気のため第一線を退かれたが、熱海で療養されるようになってからも、上京の途次に立ち寄るなどして、変わらぬ親交関係を保ちつづけることとなった。それは、無卿をなぐさめるための訪問であったが、話題は仕事の面にも及び、刑法の体系書の出版が最後の大きな約束となった。この仕事は、わたくしにとってもかなり苦しかったが、上述したように、各論は亡くなってからであったが、一応阿部さんとの約束を果たすことができたのである。

このようにふりかえってみると、阿部さんとの出合いは、この十数年間のわたくしの生活、とくに研究著作活動の側面において、かなり決定的な意味をもっていたのではないかと思われる。阿部さんの暖かい援助に支えられ、その広い包容力の中で、実に気持よくかつ心おきなく仕事をさせてもらい、まがりなりにもその成果を公刊させてもらうことができたのは、本当に幸運であったと思う。成文堂も、その間、実力をたくわえ、評価も高まってきているので、阿部さんの引かれた路線と初心を忘れず、良心的な出版社として、一層の努力を惜しまれないよう期待したいものである。

阿部さんのことを書くつもりで自分自身のことにかかわりすぎたようであるが、追悼文集に寄稿する機会に、あらためて阿部さんと成文堂から受けた暖かい援助と芳情に対して深く感謝したいと思う。

（『追想の阿部義任』、昭和六〇年七月）

熱海とのご縁

私は今、熱海でこのブログの原稿を書いています。京都に在住する私が熱海でも仕事をするようになった由来を記して、そのご縁を確かめておきたいと思います。

熱海は、私が旧制静岡高校に在学中、新憲法の普及運動のために県下の学校を回った際に、熱海の女学校に行った記憶があるほかは、日弁連の夏季合宿などで来たことがある程度でしたが、しばしば訪れるようになったのは、法律出版の成文堂の先代社長であった阿部義任氏が病気療養のために熱海に在住されるようになった昭和五〇年頃からのことです。

私は、東京からの帰途、阿部さんの御見舞いに立ち寄るうちに、阿部さんが私のために仕事場を提供し、必要な書籍類も用意されましたので、いつの間にか熱海で原稿を書くという習慣が定着することになりました。京都の暑さ、寒さを考えれば、熱海は快適で、刑法の体系書（刑法総論・各論）は、熱海で集中的に執筆したものです（手書き原稿）。熱海での親密なお付き合いは、阿部さんが心臓疾患で亡くなられる昭和五七年七月一八日まで続きました。実はその日も、熱海でお会いする約束をしていたのです。

先代が亡くなられてからも、現社長の阿部耕一氏がその趣旨を引き継がれ、その後約二〇年にも及ぶ現在まで、熱海とのご縁はまだ続いています。先代の遺品がまだほとんどそのまま残されており、面影を偲ぶことができます（『追想の阿部義任』、成文堂、昭六〇）。

熱海でも、その後は、手書きの原稿用紙からワープロに移行して、もうこれで終わりかと思っていましたが、とうとうパソコンで原稿を書くところまで進化しました。しかし、初心を失わないためにも、手書き原稿の苦労と喜びを忘れたくないものです。（ブログ二〇〇五・四・一五）

熱海の来宮神社

六月一九日から、気分転換のため、思い切って家を出て、熱海に来ています。いつもならば、仕事をいっぱい持ってきて、時間を惜しんで研究に集中し、暇を見つけてリラックスのため海岸べりなどを散策するといった行動スタイルなのですが、今回ばかりは特別の目標や予定がなく、休養が主たる目的ということにしました。

しかしそれでも時間を持て余したため、違法性の意識に関する最近の論文を読んだり、公職選挙法上の戸別訪問罪に関する資料に目を通すくらいの仕事はしました。これらは、いずれ何かに原稿を書くための準備作業でもありますので、いったん中断していた研究活動が少しずつ復活してくる兆しになるのかもしれません。

ところで、今回は、表通りの下り坂方向に当たる海岸べりの散歩のほかに、裏の山手の上り坂の方向にも足を伸ばして、「来宮神社」まで歩いて行ってきました。距離はそれほど遠くありませんが、急勾配の道で、けっこう体力と気力を要します。だいぶ前に行ったきりなので、道が分からなくなり、通行する人に尋ねて、ようやく目的地にたどりつきました。この神社は、樹齢二〇〇〇年の大きな楠（くすのき）が有名で、国の重要文化財に指定されています。長寿の福があり、周り二三メートル、高さ二六メートルの大樹のまわりを一周すると一年寿命が延びるといわれています。私も一周してきました。稀にみる古い年輪の大木ですが、今でも葉の緑が実にあざやかで、生気に満ちた奥深い生命力を実感しました。

しかし、その反面、神社の境内のすぐ外は鉄道の高架やアスファルトの道に囲まれており、ゆったりと参道を散策するという雰囲気を楽しめないのが残念です。景観の保存がいかに難しいかを実感しながら、うっそうたる緑の境内を出て、日ざしのまぶしいアスファルトの道を黙々と下りました。（ブログ二〇〇六・六・一二）

大阪市大のゼミ生の来訪

二月四日の午後、かつて大阪市大に在職していたころの刑法のゼミ生（一九八八年度卒業）五名が久しぶりに来訪し、懐かしい思い出を新たにしました。彼らはかつて在学中にも何度かこの

大阪市大ゼミ生、自宅前（1990年）

自宅まで出かけてきて、家内の手料理を食べたことがあるという共通の思い出が、家内の死亡によって、かえってよみがえるという歴史的な経緯が語られました。

この機会に、昔の記録を探してみましたら、彼らの同級のゼミ生一四名を写した記念写真とともに、一九九〇年一月九日の私の誕生日にちなんでゼミ生が作成してくれたという、私の似顔絵入りの「寄せ書き」集も出てきて、みんなで十数年前の記録を確かめ合いました。

ゼミ生達もかつての二〇歳代前半から、今はもう四〇歳前後になっていますが、訪問者のうち女性二人が結婚しているだけで、他の男性二名と女性一名はまだ独身というのも、現在の少子化の現実を反映しているように思われました。急な変化は見込めないことも実感じました。

この機会に、大学在職時代のゼミ生にかかわるほかの資料も出てきましたが、現に残っている「寄せ書き」集は、京大時代から市大時代を経て北陸大学時代にまで及び、大学の教員という職業についていたおかげで、教え子との関係が文書に残っているのも、貴重な副産物だと改めて思いました。今回の世話役の人に、メール番号を含む名簿の作成を依頼しましたので、またときどき再会する機会があることを期待しています。そのためにも、私自身が一日も長く、健康でいたいものです。（ブログ二〇〇七・二・一〇）

九　北陸大学法学部在職時代

はじめに

さて、いよいよ最後に、北陸大学との関係についてお話する段階になりました。

そのきっかけになりましたのは、大阪市大を定年退職する前年の平成元年の秋だったと思いますが、大阪大学の名誉教授の熊谷開作先生（日本法制史）から、当時外国に出ていました私に国際電話があり、帰国後お会いしたところ、金沢にある北陸大学で法学部新設の計画があり、自分が法学部長となって新法学部のスタッフを集めるよう理事者から依頼されているという事情の説明があり、是非協力してほしいということでした。私は、最初は全くその気がなく、お断りしていたのですが、いろいろないきさつがあった上、結局は、熊谷先生と理事者の熱意に動かされて、引き受けることになったのです。

ところが、その熊谷先生が突然亡くなられるという思いがけない事態が発生し、新法学部の構想とその実現の過程は全く違ったものとなりました。結局、関西からは私一人ということになり

雪の中の北陸大学

ましたが、私自身も随分悩んだ末に、最終的に熊谷先生のご遺志に沿うという趣旨で参加することを決意したのです。

こうして、私は国立大学から出発して、公立大学に移り、そして最後は私立大学に勤務するということになりました。法学部が正式に発足したのは、平成四年四月のことでしたが、私は毎週京都から通勤するという変則的な勤務形態をとり、講義が終われば帰宅するという単調な生活で、最初は親しい友人もなく、楽淋しい気分で過ごしました。

大学や学部の管理運営には、私は最初からほとんど関心がなく、教授会も全学教授会も三〇分ほどで終わってしまうのが何とも不思議でならなかったのですが、しかしそれも楽でよかろうと考えていたのです。ただし、学部の研究活動については黙っているわけにはいかず、「北陸法学」の編集や執筆には積極的に関与し、とくに若いスタッフの研究の促進と助成の必要性を強く主張しました。

一方、学生諸君との関係では、法学入門や刑法の講義は結構楽しく、基礎演習や刑法のゼミに参加した学生諸君とも親しくなりましたが、むずかし過ぎる教科書の内容をいかにやさしく解説するかという点について思わぬ苦労を重ねました。思い切って平易な入門書をという問題意識から急いで書いた『刑法入門』という書物も、その一つの試みでしたが、これを契機に同様な趣旨からの入門書がいくつも出版されるようになりました。また、この本は、日本国内だけでなく、最近、カンボジアのクメール語に翻訳されて、プノンペン大学の学生にも読まれるようになりました。刑法の講義にあたって、今一つの工夫は、宮原さんのサジェストもあって、前回の講義の内容の中からいくつかの簡単な問題を作成して、復習のための「自習問題」として一〇分間回答してもらって解説を加えるという方法を、毎回繰り返すという試みを実行したことであります。その準備は最初は大変でしたが、実施してみると、学生諸君には大変好評で、なぜもっと早く気が付かなかったのかと悔やまれるくらいです。

もう一つ苦労したことを申しますと、演習やゼミで学生が最初の報告はするけれども、質問や発言がほとんど出ず、「討論」にならないという悩みでしたが、これはとうとう最後まで未解決のままに終わりました。外国での経験では、学生は互いに活発に発言し、この間行ってきたばかりのカンボジアでも、学生はよく発言していました。この「壁」をいかに乗り越えるかが、学生諸君にとっての最大の課題であると申し上げておきたいのです。

ただし、私は同時に教員の側にも問題があることもここで率直に指摘しておきたいと思いま

北陸大学研究室にて（1990年頃）

す。大学の教員には、研究上の権利はあっても義務はないといってもよく、すべては自律に任されています。しかし、だからこそ、いっそう自覚的な研究への真摯な努力ときびしい自己点検が要請されているといわなければなりません。先に触れました佐伯先生が、戦前の「法学論叢」（京大法学会雑誌）には、スタッフは毎年一回必ず執筆していたといわれ、私自身一度その点を実際に確かめたこともありました。

しかし、同時に教員は学生に対する教育においても熱心でなければなりません。これも当然のことがらでありますが、マンネリにならないよう常に自戒を要するところであります。私は、北陸大学で七年間にわたって刑法の講義をし、研究活動の進展にも心掛けてきたつもりですが、その課題がどれだけ達成されたかという点を、深く自省しているところであります。

北陸大学での最終講義

私は、国立の京都大学に三〇年、公立の大阪市立大学に八年の後、私立の北陸大学に八年在籍したことがあります。その間、毎週京都から金沢まで通勤していました。この時期に北陸大学で経験したことをいくつか書き残しておきたいのですが、これまでの記録としては、一九九九年一月二二日に行った最終講義の内容が印刷されて残っていますので(「私の歩んだ道—刑法との出合い」北陸法学七巻四号)、ここでは、その最後のしめくくりの部分を引用しておきます。

「私は、現在七二歳になりましたが、二年前に…若い世代の仲間の皆さんが中心になって、私のために全部で五巻に及ぶ『古稀祝賀論文集』を献呈して下さいました。…研究者としての道に入った者として、このような論文集を献呈されることは最上の喜びであり光栄であります。国から頂くはずの『叙勲』については、私は考えるところがあって辞退しましたが、この記念論文集は、私の生涯の『宝』として大切に保存しております。…献呈式のあとの祝賀会で、私は、大学における研究者の生活には二つのメリットがあると申しました。

その一つは、学問以外の権威には決して服することなく自由であり得ることであり、もう一つは、学問の世界で超一流の人と業績のもつ魅力に直接に接することができるということであります。

北陸大学での最終講義（1991年）

私は、権威主義的なきらびやかよりも、つつましい謙虚さの中にある一筋の誠実さを大切にしたいと思っています。そして、それを支える真の実力を蓄えて行くためには、何よりも自主的で継続的な『勉強』が必要であります。私は、今後も体力と気力が続く限り、『刑法との出合い』を大切にして、古い歴史的な問題にも新しい現代的な問題にも開かれた関心をもって勉強を続けて行きたいと考えています。皆さんには、『ともに研鑽しましょう』と呼びかけたいと思います。何かに興味をもって、楽しく『勉強』されることを期待してやみません」。

あれから、もう八年が経過しましたが、当時の聴講生はどうしているのかなと思います。（ブログ二〇〇六・一二・四）

北陸大学の学長問題

今年の四月に、かつての北陸大学の同僚から、「北陸大学教職員組合一〇年史」を編纂したいので、当時の学長の「自主選挙」について、執筆してほしいとの依頼がありました。私は、頼まれた原稿は原則として断らないのですが、あいにく四月に家内が急逝しましたので、やむなくお断りしました。ところが、雑誌の発行が遅れており、今からでも間に合うということで、書く準備を始めています。

しかし、なにぶんかなり古いことなので、記憶が乏しく、資料も散逸して、正確を期しがたいので、改めて関係資料の送付を依頼しました。ここでは、ごくおおまかなことを記述しておきます。

北陸大学の学長の「自主選挙」というのは、一九九七年（平成九年）二月二一日に行われたのですが、そこに至るまでの経緯には多くの問題がありました。最も重要なのは、学部の教授会には何らの権限がなく、学長・学部長を含む教員の人事はすべて理事会（理事長）が決めるというトップダウンの体制が支配していたという点です。その中で、教職員組合とともに、「北陸大学の正常化を目指す教職員有志の会」が結成され、私はその会長に押し上げられてしまいました。北陸大学でしばらく休養をと思っていた私も、若い教職員のために一肌脱がなければならなくなったのです。急に会合が多くなり、随分忙しくなりました。

そして、この運動は、次期学長の理事会による任命に抵抗するために、教員による学長の「自主選挙」を計画し、見事にそれを成し遂げたのです。予想以上の多数の教員の票を得て私が当選し、地方紙にも報道されましたので、その後の刑法学会の際に、学長になったのかと聞かれたこともありました。その後、理事会は他の人を学長に任命しましたので、体制自体は変わらなかったのですが、民意がどこにあるかを示したことの意味は、実に大きかったと思います。理事会から任命された学長もさぞやりにくかったろうと同情したものです。(ブログ二〇〇六・一二・七)

北陸大学のその後

金沢の北陸大学には、伝統的な薬学部のほかに、外国語学部と法学部が出来て、私も法学部の創設に関与しました。しかし、その後は次第に現状の維持が困難になり、後設の二つの学部は「未来創造学部」といわれるものに改組される中で、まもなく消滅するという運命にあるようです。

問題は、外国語学部と法学部のスタッフの行き場ですが、ここで特徴的なことは、大学当局が、先に触れました大学の自主的な改革運動に参加した組合員をこの新設の学部から排除して、

「教育能力開発センター」という別組織に配属した上で、両学部の消滅とともに解雇しようとしているという点です。

私は、法学部の新設当時の若いスタッフの皆さんを励まして交流を続けてきていますが、幸いにもこれらの方々の多くは、その後、他の大学に職場を求めて転出に成功されました。誰いうとなく、これらの人達のことを『脱北組』と呼ぶようになりました（因みに、理事長の名に「北」の字があります）。出身大学は違っても、同じ大学で苦労をした経験から団結力が強く、いまでも連絡しあって、励ましあうという仲の良い間柄にあります。

当時の年配のスタッフの中では、私だけがまあ何とか元気で、このめずらしい交流の仲間に入れてもらっています。最近、これらの『脱北組』が一度集ろうという計画もあるようで、北陸大学での貴重な体験が今でも生きているような熱い思いがよみがえります。

しかし、一方で残留組で解雇されるおそれのある人達を支援するための運動も必要で、この方がきわめて困難な道のりであることを覚悟しなければなりません。ひたすら幸運を期待したいものです。（ブログ二〇〇六・一二・九）

学生の「誤字、あて字」の実例

毎年のこととはいえ、学年末試験の答案を読んで採点することは、かなり大変で気の重い仕事である。とくに、答案の数が多いと、これを短時間に採点することは、心理的のみならず物理的にも大きな負担となってくる。そして、最終の段階で評価を確定し、全体を合理的なバランスにおさめるためには、困難な決断をせまられることが多いのである。

ところで、答案を読む者にとっては、それが印刷物ではなく、学生の肉筆によって書かれたものなので、実にさまざまな文体やくせのある文字を判読しなければならない。しかも丁寧に読みやすく書かれたものの方がむしろ少ないのだから大変である。もっともこの点では、採点者の方も印刷所泣かせの原稿を書くことが多いことを思えば、大きなことは言えないのかもしれない。

さて、辛抱しつつ学生の答案を読む過程で、とくに最近気になるのは、漢字の「誤字、あて字」が多くなりつつあるという点である。この点は、すでに一般にも認識されていることであって、ことあたらしい現象ではないが、今回、関西の二、三の大学で行なった昨年度末の試験を採点した経験の中から、明らかに「誤字、あて字」と思われるものを任意に抽出してみたので、以下にその実例の代表的なものをかかげて一般の参考に供したいと思う。なお、同一の「誤字、あて字」が一度ならず、かつ複数人によって用いられている場合もあるが、今回はその頻度については問題にしなかった。以下は、学生が用いた「誤字、あて字」であり、カッコ内は、それから推測される本来の漢字である。

指適（指摘）　検当（検討）
厳確（厳格）　摘用（適用）
準序（順序）　条況（状況）
遇然（偶然）　侵透（浸透）
決論（結論）　撤底（徹底）
仮設（仮説）　専問（専門）
勧迎（歓迎）　排序（排除）
先鋭化（尖鋭化）　始第に（次第に）
沿源（淵源）　前程（前提）
報仕（奉仕）　今だ（未だ）
危検（危険）　権利監用（権利濫用）
嬌正（矯正）　狂悪犯（兇悪犯）
構成用件（構成要件）　切盗（窃盗）
銘釘（酩酊）　接束説（折衷説）
応法刑（応報刑）　未逐（未遂）

正統防衛（正当防衛）　　迷神犯（迷信犯）

個意（故意）　　　　　違法訴却（違法阻却）

概当（該当）

以上は、「誤字、あて字」であることの推測可能な実例の一部分であり、これらのほかにも、判読不可能なものが少なからず存在したのである。その原因は、若い世代の意思疎通の手段が手紙から電話（携帯電話）に移ってしまい。文字を正確に書くよりも、音訓にたよって意味をつかむ方向に動いているからであろうと思われる。ワープロやマイコンがこの傾向を促進するとすれば、問題はいよいよ深刻になるおれがある。それとも、漢字をおぼえる労力を他にふりむける方が、より合理的な将来計画なのであろうか。私個人は、この点では、なお保守主義者である。

（ジュリスト八一七号、昭和五九年七月一日）

一気呵成（いっきかせい）

われわれの生活を振り返って見ると、一定の期間内に一定の仕事を遂行するという課題がくりかえし与えられ、その度ごとにこれをいかに成功的に仕上げるべきかという点に、常に腐心し悩まされ続けてきたことを思い起こすことができる。

誰でもまっさきに思い浮かべるのは、小・中学校時代の宿題、とくに夏休みを前にして与えられたかなりの量の課題をどのように解決することができたかという点である。遊びの誘惑に負けて、宿題が次第に先送りになり、最後に苦しいしわ寄せが来たことも稀ではなかったのではないかと思われる。

次に出てくるきびしい思い出は、入学試験であって、ここでは短時間の間に集中的に問題をこなす必要に迫られ、せっぱつまって時間の貴重さを思い知らされたことであろう。

就職してからも、大抵の職場では、与えられた時間内に仕事を処理する能力が問われ、未決の仕事がたまれば残業に追われ、ストレスも倍加するという悪循環に見舞われることにもなりかねない。

そこで、この課題を成功的に解決するためには、何よりも事前の計画と準備に万全を期すことが大切であるが、たとえ計画が万全でも、それが現実に実現されなければ絵に書いた餅となってしまう。そしてその例がむしろ多いのである。

したがって、最終的に必要なのは計画を実現して行くためのたゆまざる「推進力」であるということができる。そのためには強固な意志力が必要となるが、それとともに、外からではなく内から出てくる「知的関心」こそが真の推進力ではないかと思われる。

そして、計画が動きはじめたならば、全力投球によって勢いをつけ、峠を越えれば「一気呵成」に終着点まで降下し、なお若干の余裕を残すという形で終りたいものである。最初は与えられた課題の達成から出発したものが、最終的には自らが設定した課題の達成に自主的な努力を傾けることこそ本命の到達目標である。

（青少年に贈る言葉　わが人生論　滋賀県編（中）、文教図書出版、平成元年）

手書きからワープロを経てパソコンへ

私どもの世代が研究者になったときは、原稿は全部「手書き」でした。私自身も、最初の論文は、コクヨの四〇〇字つめ原稿用紙に鉛筆で下書きし、ペンとインクで清書した記憶があります。しかし、手書きの原稿は、印刷されれば散逸してしまい、自筆で書いたものはほとんど残っていません。ただし、おそらく手書き原稿の最後になったと思われるもので、今でも残っているのは、『刑法総論』（一九八二年）と『刑法各論』（一九八四年）の二冊の原稿であり、これらは手書きの原稿の校正段階のものを成文堂の好意で装丁つきの六冊分にまとめてもらった大部なもので（おそらく六〇〇〇枚程度）、今でも大切に保存しています。

その後、ワープロの時代に移るのですが、私は不器用なくせに、たまたま入った印税をはたいて、たしか当時はまだ八〇万円もする大きな機械を購入しました。最初は、原稿用紙でなく機械に向かって考えることの不自然さに当惑していましたが、やがて慣れて、それ以後は軽い小型のワープロを実に長い間愛用して、失敗を経験しながらも、多くの原稿を量産しました。ところが、若手の上田寛教授から、パソコンを勧められ、最初は抵抗していたのですが、試みに小型のものを購入しました。しかし、最初はもっぱらメール用に限定し、原稿は依然として慣れたワープロで書いていました。しかしそのうち、書いた原稿がそのまま送信できるというメリットに誘惑され、つい最近になって、とうとうパソコンを用いて直接に原稿を書くという第三段階に入ることになったのです。

そして、今度は川口浩一教授に誘われて、このexblogを始めたのですが、もうワープロを使わず、パソコンを使って原稿を書くという体制に基本的に移行したようです。

しかし、同時に私どもの世代は、決してかつての手書き時代の素朴な創造の喜びと原稿用紙にしみこんだ手垢にまみれた苦労を忘れてはおりません。そして、今でも私自身は、せめて年賀状だけは、印刷にすることなく、はがきの裏も表も、肉筆で自筆することだけは絶対に継続するという覚悟を決めています。自筆で字を書くというのは、やはり人間本来の楽しい営みではないでしょうか。(ブログ二〇〇五・三・二三)

手書きの手紙

満杯に近くなってきた書庫を整理していましたら、封書の束が出てきました。それは、もう一〇年も以前のものらしく、ほとんどが便箋に縦書きの自筆のものを、二重のソフトな封筒に入れて、宛名も含めたすべてが手書きの手法で統一されたものです。

最近は、ワープロやパソコンを使った横書きの規格化した文書が個人間の意思疎通手段である手紙の分野にも及び、さらに文書によらない「メール」による直裁な手法がますます広く用いられるようになってきています。私自身も、遅まきながらこの手法にしたがうようになり、いつの間にかそれが当然のことであるとして、気にもとめない状態になっています。

しかし、いま現にかつての「手書きの手紙」を手にとって見ますと、そのソフトで豊かな味わいと雰囲気に圧倒されてしまいそうな新鮮な驚きを感じます。考えれば当たり前のことですが、そこには、書いた人の個性と特有の文体が正直に表現されていて、それは一見して誰からの手紙か判別できるのです。そのような手紙を受け取った人は、その文体から容易に書き手の姿と心を読み取ることができるでしょう。

いったん機械化と電子化の方向が進みますと、その利便さに慣れてしまい、もはやかつての「手書き」時代に逆戻りすることはできないでしょうが、しかし「手書き」の手段は決して消えたわけではなく、その良さと雰囲気を忘れないためにも、いまでもこの手法を親密な意思疎通手段として利用する機会を残しておくことが賢明な防衛策ではないかと思われます。それはまた、漢字の書き方を忘れないためにも、むしろ必要であるともいえるでしょう。

偶然に発見した封書の束の差出人に、「手書きの手紙」を書いてみることで、これらの方々にも「手書きの手紙」の良さをアピールしてみたいと考えています。（ブログ二〇〇五・一〇・一八）

一〇　定年後

古稀の会のビデオ

これまで自分の過去の記録などを振り返ることはほとんどなかったのですが、今夏は仕事を中断していることもあって、一九九七年（平成九年）二月に開催された私自身の「古稀記念の会」のビデオ二巻をあらためて見る機会がありました。「十年一昔」といわれることもあって、かなり古いものですが、七〇歳という節目の年を画する記録として、貴重なものです。今これを見て、あらためて考えさせられたところがありますので、そのいくつかの点を書きとめておきたいと思います。

まず、一〇年近くも前のことであっても、当時の印象は強くあざやかで、その全体像を直感的に想起することはできましたが、しかし実際には、個々の場面などでは、すでに記憶を失ってい

古稀祝賀会のあいさつ（1997年２月、京都都ホテルにて）

るところも意外に多いことを再確認させられました。あっ、あの人も出ておられたのかといった出席者に関する初歩的な誤認もいくつかあることを知って、率直に驚きました。関西の刑法読書会の仲間以外に、東京から松尾浩也さんが来ておられたほか、虎姫中学の同窓生の方々もお見えになっていたのです。

次に、一〇年も前のことですので、私自身を含めて、出席者は当然今よりも一〇歳くらい若いはずで、その年輪の差を実感することができました。年は争えないというのが現実です。私自身は何とか現在まで生きながらえていますが、この一〇年間に、私よりも若い方々が何人かすでに亡くなっていることが判明しています。それに、私の妻も、当時は元気に出席して、あいさつもしていたのですが、今は亡くなり、姿を見ることができません。ビデオの姿は不思議な幻影です。

それ以外にも、出席された方々の中から、私自身の研究業績の「多作」さの秘密は何かといった質問が多く寄せられていたことが印象に残っています。当日の私は、特別のことはありませんと答えるにとどまっていましたが、この点については、できれば別途これから少しずつ触れて行きたいと考えています。（ブログ二〇〇六・八・二三）

叙勲について

たまたま約一〇年前に「ジュリスト」（一〇九七号、一九九六年）に寄稿した古い「随想」が見つかりましたので、少し長いものですが、ここに転載しておきます。

「かつて所属していた大学から、七〇歳になるのを機会に、生存者叙勲を受ける意思を確認した上で叙勲対象者名簿を文部省に提出することになっているので、叙勲を受ける意思があるかどうか回答してほしいという依頼があった。叙勲のことなどひとごとだと考えていたが、いざ自分のこととなると真面目に考えなければならなくなった。

叙勲を受けるかどうかは本人の自由意思によるもので、個人的な選択の問題だとされているのは当然だとしても、そこには本人の意思の尊重という点よりも、むしろ無駄のない事務的な処理や受領者側とのトラブルの回避といった考慮も働いているのではないかと思われる。

かつては、お上が授ける叙勲を受領しないといったケースはほとんどなかったのではないかと考えられるのであるが、最近は増えているのか、そのあたりの実態を知りたいところである。

叙勲制度の由来や歴史については、特別の関心をもって調べたことがないので、正確な知識に乏しいが、戦前以来の伝統とスタイルをいまだ色濃く残している分野の一つではないかと思われる。軍人に与えられた勲章は、過去の功績に対する表彰であると同時に、国に対する忠誠心を涵養するものとして積極的に位置づけられていた。しかも、勲章にも軍人の階級による歴然たる差があることが当然視されていたのである。戦後の民主化はこの分野にどのような変化をもたらしたのであろうか。

私の狭い経験の中でも、戦前の小学校の学年末に成績優秀な生徒に与えられた表彰の制度は、戦後には無くなったと聞いた。しかし、生前に官吏として勤め戦後の昭和二二年に亡くなった父には、死後の叙勲として一定の位階が授けられた記憶があり、とくに死後に与えられる叙勲がどのような意味をもつのか、いささか首をかしげる思いであった。

一般的な叙勲制度は、戦後いったん廃止されたが、昭和三六年に復活し、その後は維持され拡大されて現在に至っている。春秋の二回にわたって発表される生存者叙勲の規模は次第に拡大し、対象者とそのランキングについて、関係者のみならず一般の関心も高くなりつつある。叙勲を受けた人を囲む祝賀会が各地で行われ、次回以降の予測まで語られるともいわれる。

叙勲制度にも意味がないわけではなく、その機会に受賞者の功績をたたえ、受賞者自身にもさらなる研鑽を期待するという効果をもたらすであろうといわれるのであるが、一般的な叙勲者の功績の内容を公平に評価することは不可能であり、七〇歳になってからも研鑽を続ける人はむしろ稀である。したがって、叙勲の順序やランキングは、過去の地位・身分・肩書・在職期間・年齢などの形式的な基準によらざるをえず、官尊民卑の根強い傾向も容易には改まらない。むしろ叙勲制度は、人の業績の評価を社会への実際の貢献度よりもこれらの形式的な基準によってランキングしてしまうというマイナス面をもっている。七〇歳になっても本当に研鑽を続ける人は、叙勲などとは本来無関係で特別な関心を示さないのが通常ではないかと思われる。

勲章の好きな人に勲章を与えるのも善政ではないかという意見もありうるであろうが、私自身はあえてこの流れに抵抗したい気持である。」（ブログ二〇〇七・一・二五）

アメリカ人学生のホームステイ

ニューヨークに住むオランダ系のアメリカ人学生が、日本語と日本文化を勉強するために、関西外国語大学の短期留学プログラムにしたがって、今年の九月から一二月までの三か月間、日本に留学することが決まったものの、本人は外国人学生寮よりも日本人家庭にホームステイしたいという強い希望をもっているという話が、かつての北陸大学の同僚（文教大学教授・国際政治学）を通じて私のところに伝わって来ました。

相談に乗っているうちに、私の京都の家ではどうかという話になり、私は最近妻を亡くし、十分な準備体制もないと言い訳しているうちに、本人から矢継ぎ早にメールが来て、現状ですべて結構である（no problem）という希望が舞い込み、とうとう事実上引き受けるという結果になりました。

二人の世代の違いのほか、生活習慣、とくに食習慣の違いがいちばん気になるのですが、何事もやってみなければわからないので、お互いに生活スタイルを尊重し干渉しないという条件で、奇妙な共同生活を始めることになりそうです。

全くはじめての経験なので、不安が残ることは否定できませんが、くよくよ考えるよりも、この機会に、若いアメリカ青年と生活を共にすることによって、その生活信条やものの考え方などを観察してみたいと考えるようになっています。

なお、彼のお母さんは、ハーバード大学の研究員で、かつて日本にも来たことのある親日家であること、その知人である日本の教授夫妻の家（伊東市宇佐美の山中）にも招かれて、文化人類学の話題（とくに「イスラム」をめぐる宗教問題）を拝聴する機会があったことも、今回のホームステイの引き受けにかかわる嬉しい副産物となっています。（ブログ二〇〇六・七・二〇）

ダッシュ君の来訪

アメリカのボストンから、大学三年で一九歳のダッシュ君が、九月二日の午後、ホームステイ先のわが家に無事到着しました。関西外国語大学（大阪枚方市）で日本語を学ぶための三か月研修コースに参加するために、初めて来日したのですが、いろいろの経緯があって、私がホームステイを引き受けることになりました。

オランダ生まれのアメリカ人で、一八五センチもある大きな体格ですが、一見して好感のもてる若者です。二年間、日本語を勉強したとのことで、日本語が少し話せますが、互いにゆっくり発音するという約束で、英語と日本語をおりまぜた会話による奇妙な共同生活が始まりました。互いのライフスタイルを尊重し、互いに干渉しないという基本的な合意から出発しましたが、やはり一番気のなるのは、食生活をいかに調整するのかという点で、これは事前の合意というよりも、やってみなければわからないという側面があります。

ダッシュ君にとっての問題は、毎日、長岡天神から枚方の大学まで通学するのが、いささか不便な上に費用がかかるという点です。若いからこの困難は克服していくでしょうが、三か月の通学定期券が買えるかどうかも、さしあたり彼にとっては重要です。

今日の日曜日は、昼食を外で食べた後、スーパーマーケットで一緒に買い物を楽しみました。

結構、自分で料理も出来る様子なので、私としてはひそかに期待しています。

土曜日と日曜日は大学が休みなので、京都方面への観光などを考えているようです。この方は、ぜひとも、どなたか若い方々に彼の案内役をお願いしたいと考えています。日本語が少しできるオランダ系アメリカ青年と付き合ってみたいと思う人は、ぜひご協力をお願いします。費用は私が負担します。（ブログ二〇〇六・九・三）

Dash Slootbeek

ダッシュ君無事帰国

九月二日にわが家に現れたダッシュ君は、無事に三か月半に及ぶ日本滞在を終えて、一二月一七日の朝、アメリカのボストンに向けて帰国の途につきました。朝早く、一緒にタクシーで長岡京駅まで行き、寒いプラットホームで別れました。再会の機会は、彼が大学を卒業する二〇〇八年六月以降になりますが、それまでの間何とか元気でありたいと願うのみです。

ダッシュ君は、来日以来早々と日本にも慣れて、ほとんど問題なく予定をこなしましたが、最後の週の試験期間になってから急に体調を崩し、二つの病院をかけ回るというハプニングがありました。高熱で下痢をしていたことから、例の「ノロウイールス」ではないかと心配をしたのですが、一日だけ大学を休んだのみで、何とか元気を回復しました。しかし、鼻や喉に風邪の症状が残り、私にもうつったようです。

彼の三か月の滞在中は、私の知人にあたるいろいろな人に頼んで、京都や奈良などの名所に彼を案内してもらったほか、とくに女性の方には自宅で料理を作ってもらうなど、大変お世話になりました。彼も多くの日本の友人が出来て喜んでいましたが、皆さんの温かいご協力に対して、私から改めて御礼を申し上げる次第です。

なお、このような報告を予測して、ダッシュ君には短いあいさつ文のようなものを書いてくれるように依頼しておいたのですが、残念ながら忘れていたようです。のちほど、メールで送るとのことですので、入手次第、ご紹介するつもりです。

ダッシュ君との三か月の共同生活は、私自身にとっても、貴重な体験として、忘れがたいものになりました。今から思いますと、家内を亡くした後の底知れない孤独感をまぎらわし癒してくれるものとして、救われたという感謝の気持ちがしているのです。（ブログ二〇〇六・一二・一七）

ダッシュ君のメッセージ

ダッシュ君から、友達の皆さんへのノート（メッセージ）がメールで送られて来ましたので、以下に、その内容を原文通り、引用しておきます。立派な日本語になっています。

「では、私のノートを書きました。

皆さん。私の日本の経験は終りました。今学期はとても楽しかった。たくさんの人を会えたり、日本ではたくさんの所を見たり、日本語をたくさん勉強したりしました。そのことは、あなた達のおかげです。中山さんと住んでいましたから、あなた達に会えました。だから、日本語を話せるし、ならと京都にいけるし、とても面白く、たのしかった。ありがとうございました。

大学の卒業する後で、日本に帰りたいです。その時、私達はも一回会えます。申し、電子メールを送ったら、どうぞよろしくお願いします。わたしの電子メールは、

dslootbeek@gmail.com

英語で日本語で、どちらでもいいですがにほんごでかきたら、やさしい漢字を使ってください。

じゃね。あなた達に会って、とてもよかったでしたと思います。お元気で。

Dashiel Slootbeek

中山さん。そのノートを直した方がいいと思います。

ありがとう。

Ｄａｓｈ　」

以上が、その内容です。私が直さなくても、十分に通用しますが、彼には、直したものを送り返してやろうと思っています。私からも、ご協力頂いた皆さんにお礼申し上げます。彼に、日本語でメールしてやって下さい。（ブログ二〇〇六・一二・一二）

関大日曜答案練習会について

去る三月一三日（日）、関大の日曜答案練習会（今は「関大エクステンション・リードセンター」の主催）に刑法各論の問題の解説のため、出講しました。毎年今頃の時期にずっと続けているのですが、ふと何時ごろからかなあと考えましたら、これがいかにも古いことに気がつきました。

事務室の人に聞いても、古いことは分からないといわれ、帰宅してから古い手帳を調べますと、一九六九年二月九日（日）に「関大法職」というメモが見つかりました。仮にこれが一番古いとしますと、実に三五年ほども前からということになります。当時関大には、まだ植田先生や中先生がおられたことを思い出します。私は、頼まれたことは原則として断らないことにしていましたので、長期に外国出張していた期間を除いて、関大答練にはほとんど休まず出ていたと思います。随分と長くお付き合いしていることになります。

その頃は、司法試験の答案練習会は、関西では関大の日曜答案練習会くらいしかない時代で、受講生も大教室に満員の盛況であったという記憶があります。そのことを思うと、最近はほかにも同種の答案練習会ができたり、時代状況の変化もあってか、このところ受講生は必ずしも多くはなく、少し淋しい感じがしています。

あまりにも長くなりすぎ、私も年をとりましたので、引退して、来年からは若い現役の人と交替したいと考えています。

関大の日曜答案練習会で勉強された方々、今も勉強されている方々の本願成就を祈念するとともに、伝統ある関大日曜答案練習会の今後の発展を祈ります。(ブログ二〇〇五・三・一七)

立命館大学法科大学院で講演

八月一日の夕方、立命館大学のロースクールのある西園寺記念館を訪ねました。立命館の衣笠校舎にはたびたび行ったことがありますが、西園寺記念館は初めてで、興味をひかれました。西園寺公望候の肖像と揮毫が目をひき、金閣寺周辺の緑に囲まれた周囲の環境が抜群であることを改めて感じましたが、アカデミックな建物の中の合理的な学習環境の工夫にも感心しました。

ただし、ロースクールが九月からは二条駅の新しいキャンパスに移転の予定であると聞いて、便利になるのは嬉しいとしても、この地を去るのが惜しいというジレンマがあることを感じとることができました。帰りは西園寺記念館から衣笠校舎まで歩きましたが、一〇分あまりもかかり、やはり不便さは免れないようです。

当日は、学期末試験の最終日に当たるということもあってか、多くの院生に緊張の解けた明るい雰囲気が見られましたが、若い女子学生の数が多い中にあって、やや年配の男性陣も混じっているという印象を受けました。

『新版口述刑法総論』のための講義（2002年9月12日、立命館大学）

私は、「刑法の学び方―私の経験から」と題して、約一時間の講演をしました。自己紹介では戦前戦後の歴史的な体験を話題にし、立命館大学との関係では長い非常勤講師の経験と最終講義の思い出などから立命館大学の学生へのシンパシーを語りました。私の刑法との出合いが瀧川先生の講義と佐伯先生の著書に触れたことにあり、それが外国文献の購読を基礎とした継続的な研究・著作活動と大学での講義への熱意につながったことを説明しました。

そして、学生諸君へのアドバイスとして、ロースクールに相応しい状況のもとで、講義の聴き方や本の読み方を自覚的に反省し、忍耐と継続によって、自分のレベルの確認とそのレベルアップの方法を真剣に探る必要があることを訴えました。

若干の質問が出た後、花束をもらいましたが、講演が終わってからしばらくの間、サインを求める学生の列ができたことは嬉しいことで、多くの学生と握手をして別れを惜しみました。彼らの初志の貫徹を心から期待したいものです。（ブログ二〇〇六・八・二）

刑法を学び始めた皆さん方に

私は、昨年度まで、立命館大学法学部で刑法の非常勤講師をしていました中山研一といいます。昨年度の刑法IIの最終講義（二〇〇二年一月十一日）の際には、「立命館大学と私」という講演をしましたが、いつもの八〇一号教室にほとんど満員の受講生が集まって、熱心に聞いてくれましたので、実に四十年間にも及ぶ立命館大学での私の講義に有終の美を飾ることができ、今でもなつかしく思い出しています。

当日は、講義が終わってから、いくつもの花束を貰ったり、私の本にサインを求める受講生の長い列が出来たりして、嬉しい気持ちでしたが、私に対するメッセージや講義の感想文も多く寄せられており、それらは、最終講義の記録として、今でもまとめて大切に保管しています。この最終講義の開催については、上田寛、生田勝義、松宮孝明などの諸教授のほか、法学部の事務室の皆さんの暖かいご援助があったことにも、あらためて感謝の意を表したいと思っています。

以上のような事情で、私は今年度からは立命館に出講していませんので、新入の一回生の諸君と講義を通じて交流する機会をもつことができないのが残念です。しかし、私はかなり多くの刑法に関する書物を書いていますので、講義以外のチャネルで皆さんと交流することは十分に可能です（最近では、メールという便利な手段もあります）。

この度は、『ほうゆう』の編集部の方から寄稿を依頼されましたので、とくにこれから刑法を学び始めたフレッシュな皆さんに、何か少しでも役に立つと思われるようなことを、全く思いつくままに、いくつか指摘したいと思います。

それは、学生諸君の側から見た疑問や質問を念頭においたいくつかの問題をあげて、これに私なりのコメントを加えるという形になっています。これを参考にして、各自で考えてみて下さい。

立命館での最終講義（2002年１月）

一　刑法は難しいという先入観について

法律学の中でも、刑法は難しいという声を聞くことが多いことは事実です。それは、専門用語が多く、とくに総論では抽象的な概念構成と学説の対立などが新入生には近寄り難いという印象を与えるからでしょう。たしかに、それは事実ですが、しかしその反面、刑法が最も論理的に構成されており、明快で紛れがないという証拠でもあるのです。私の率直な意見では、むしろ教える側にも問題があり、まずは具体的なケースから出発して、その中から論点を発見し整理してこれを一定の論理にまとめあげる能力を養うという方向に、講義の方法を意識的に転換して行く必要があると考えています。

二　講義の予習と復習の必要性について

これは、どの科目の学習にとっても共通した問題で、前回の復習と次回の予習が望ましいことは事実です、しかし、実際には、予習も復習もほとんど行われていないのが定着した現実です。夏休みで中断しますと、それまでの内容を教師も学生も忘れてしまっているという悩ましい現実を長年体験してきた私としては、せめて前回の復習用に「自習問題」を作成して次回の講義の開始十分前に解答させ、コメントを加えるという試みをこの十年間ほど実施してきましたが、これが意外に効果的なことが分かりました。この「自習問題」方式は、私の講義に定着し、受講生からも歓迎されることになったのです。予習はともかく、復習だけはしっかりしておくことが理解と上達のためのコツだと思います。

三　講義の開き方について

毎年、大教室での講義が続いていたのですが、私にとって不思議なのは、一番前の座席よりも後方の座席の方にむしろ受講生が集まる傾向があるという点でした。それは講義に対する興味と関心に比例していますので、教師としては、いかにして刑法に対する興味を換起すべきかという点に腐心しました。そのためには、教員自身が刑法を大好きだと公言し、情熱をもって、そのことを常に受講生にアピールする以外にはないのです。

立命館大学での講義風景

講義を聞くことは、本を読むのとは違い、現場感があります。教師との間の心情的な連帯感とともに、いつでも質問したいという気持ちから、確認したいことをメモにし、できれば後で質問する勇気をもつことが肝要だと思います。

四　本の読み方について

講義を聞くだけでは不十分で、書物に整理された文章を読んで、その意味を出来るだけ正確に理解することが、学問の始まりです。暗記したものは、すぐ忘れますが、よく「理解」したものは、頭に蓄積されて残ります。疑問を避けたり無視するのではなく、自分なりに納得できるまで、疑問を追求して行く中から「思考力」が養われてきます。定評のある良い書物をしっかり読んで、自分もその内容を他人に正確に伝えることができるようになるまで、自分の頭に磨きをかけて下さい。読書は、楽しい頭の訓練です。

五　忍耐と継続について

多くの人は、先人の経験や教訓に学んで、真面目に勉強することを決意し、そして実際にも着手するのですが、残念ながら途中で諦めて放棄し、長続きしないことも、多くの人の経験しているところです。「継続は力なり」といわれますが、どうしたら勉学を継続し、当初の目的を達成することができるのでしょうか。山登りでも、二、三合目あたりが一番苦しいといわれます。体力のほかに強い忍耐力も必要なことは当然ですが、むしろ私の経験では、勉学への意欲と関心の強さが決定的で、やがてそれが「楽しさ」にまで至れば本物になります。楽しくなければ、物事は決して継続しないからです。

以上のほかにも、まだまだ指摘したい多くのことがありますが、紙数の関係で、これで一応終りとします。なお、私に対する質問やメッセージがあれば、いつでも受け取る用意があります。メール番号も『口述刑法総論・各論』の、最後に書いてあります。それから、今年一月の最終講義「立命館大学と私」については、当日の内容を録音したビデオも残っていますので、希望の方には、私の方からお貸しすることも可能です。

最後に、今年の新入生を始めとする若い学生諸君のご健闘を祈ります。

（ほうゆう六七号、立命館大学法学会、二〇〇二年）

Haste not　Rest not

二〇〇四年一二月に、東北の盛岡を始めて訪れた機会に、雪のそぼ降る「盛岡市先人記念館」を訪問したことがあります。その折、数多くの郷土出身の偉人の中に、刑法学者である小野清一郎博士の名に目がとまりましたが、記念館を一巡するうちに、新渡戸稲造記念室の中で、小さな遺品の中に座右の銘が書き込まれているものに引き寄せられました。

Haste　not　　急がず、
Rest　not　　たゆまず

というのがそれです。「休まず」ではなく「たゆまず」となっているのが印象的でした。

私は、とっさに強く共感するところがあり、先人の偉大さが身にしみた次第です。

そして、このことを、最近の自著『心神喪失者等医療観察法の性格』（成文堂、二〇〇五年）の「まえがき」に書きましたら、団藤先生からのお手紙に、先生も遺品を見て感銘を受けたこと、新渡戸先生は私の最も尊敬するひとりで、旧制高校時代と大学時代と二度聞いた講演を今でもよく覚えているという趣旨のことが書かれており、再度感銘を深くした次第です。

また、慶応の井田教授によりますと、この言葉はもともとはゲーテの詩の一節に由来するとのことで、偉人とのつながりがさらに広がる嬉しさがあります。

私も、遅ればせながら、「急がず、たゆまず」残りの人生を過ごしたいものです。(ブログ二〇〇五・五・四)

同時に二つ以上の仕事を

私の主要な仕事は原稿を書くことですが、二つ以上の仕事を同時並行的に行うことに慣れてしまいましたので、その効用について述べておきたいと思います。

もっとも、私自身も最初は一つの原稿が終わってから次の原稿へという単線運転だったのですが、次第に仕事が増えたため、複線から複々線へと拡大して行った経過があります。

一つの仕事ですと、それだけに集中できて、一見能率が上がるように見えますが、しかし実際の原稿執筆は決してスムーズなものではなく、完成するまでには、山あり谷ありで中断や再考を余儀なくされることもしばしばあるものです。

仕事が二つ以上あれば、頭を切り替えて、発想を転換することが可能になります。それぞれの仕事の到達点と進捗状況を見渡しながら、いつも新鮮な気持ちで、ひとつひとつに目標を立てて対応し、大切に育て上げながら、結果的に締め切りに間に合わせることができればしめたものです。常に多くの仕事を手がけていれば、いつの間にか、その成果は着実に蓄積されて行くことになるでしょう。

もっとも、そのためには時間をできるだけ有効に活用することが必要ですが、これも単に時間の長短だけの問題ではなく、むしろポイントとなる時期に集中力を発揮できるかどうかにかかっているように思われます。自分に見合った方法とスタイルをいかに開発し、レベルアップを図っていくかが課題となるでしょう。

私の研究生活はすでに五〇年近くにもなりましたので、ときどき、これまで経験したことの中から、自己反省の点を含めて、思いついたことを書きしるして、とくに若い人たちの参考に供したいと考えています。(ブログ二〇〇五・六・一五)

外国語の勉強

外国語を勉強する人は多いのですが、これをマスターすることのできた人はきわめて少ないのが現状です。最近では、国際交流が増えて、外国語との距離が近くなったように思われるのに、かえって学習のレベルが下がっているとも言われるのです。私どもが学んだ旧制高等学校では、英語、ドイツ語、フランス語のうち二か国語が必須科目だったのですが、最近の大学では第二外国語の受講が減少し、一か国語に縮小される傾向にあるというのも淋しい現象です。

そこで、私の経験を披露して、反省点を含めて参考に供したいと思います。

私は、旧制中学の五年間と、高等商船学校の一年半は「英語」を勉強し、旧制高校では、「英語」と「ドイツ語」を選択しましたが、旧制大学には語学の科目はないまま卒業しました。しかし、大学在学中にシベリア帰りの友人から「ロシア語」の初歩を学び、以後独学で勉強しました。

このうち、一番長いのが英語ですが、あまり上達せず、とくに会話は全く駄目だったのです。しかし、ポーランドに二年間留学した機会に、「ポーランド語」や「ロシア語」よりも、むしろ英語で生活するというスタイルを身に着けたおかげで、ある程度のレベルに達することができました。

しかし、ドイツ語は高校の単位を取得しただけで終わったために、ドイツ刑法学の研究には終始遅れをとり、ドイツ訪問中も英語ですますという危ない橋を渡りました。

一方、ロシア語の方は、意外にも急速に伸びて、専門の本や雑誌論文を数多く翻訳して資料化するという仕事を残すことができました。しかしこの仕事も、ソ連の崩壊とともに終わってしまうことになったのは残念です。

外国語の勉強には、何よりも忍耐力が必要ですが、実は外国語の勉強が日本語の読書力と理解力を磨くためにも最適のものであることを強調しておく必要があると思います。是非、興味をもって外国語にチャレンジされることを期待します。（ブログ二〇〇五・七・八）

打てば響く鐘の音

鐘を打てば音が鳴るというのは、鐘や撞木に構造上の欠陥がない限り、当たり前の現象ですが、私はそれが「直ちに」反応するという点に特色を見出し、それをわれわれ人間の日常生活上の一つのヒントにしたいと考えてきました。つまり、われわれの生活でも、「打てば響く」という関係を自覚的に守っていくような努力が必要ではないかと思うのです。

実は、最近、私は不思議な体験をしました。法学関係のある出版社の編集部の方から電子メールが来て、依頼した原稿の締め切り日が過ぎているので、どうなっているのかという問い合わせを受けたのです。私自身は、そのような依頼を受けたことも、またその内容についてもすっかり忘却していましたので、執筆の依頼状を再度送ってほしいと頼みました。早速、メールで送信されてきた依頼状を見ても、まだ記憶を喚起することができませんのでまごつきましたが、机上の資料を整理して見ますと、たしかにその依頼状は、八月四日に受領しており、返事もすぐに出していることが判明しました。

私は、あわてて編集部に連絡し、小さい原稿でしたので、一週間の猶予をもらって執筆に着手し、実際には二、三日で仕上げて送りました。それは、巻頭言のようなもので、そのテーマは「定刻主義の効用」という年来の私の主張を繰り返したものです。

今回のトラブルの原因は、依頼状には「打てば響く」ように反応したものの、やはり年のせいもあって、その後すっかり忘却してしまったことにあります。それは故意でなく過失でしたが、幸い何とか事後にカバーが出来て、責任を果たすことができたようです。

「打てば響く鐘」のように、手紙やメールにはすぐに返事を出し、相手に迷惑をかけないようにすることが、「定刻主義」の一つのあらわれですので、このような基本的なルールはお互いに守っていきたいものと考えています。皆さんが「定刻主義者」の陣営に参加されることを期待しています。（ブログ二〇〇六・九・二三）

原稿の締め切り日

今日はもう五月一日。久しぶりの雨に庭の木の新緑が鮮やかに映えています。昨四月三〇日に執筆中の原稿がようやく出来上がったこともあって、今朝の気分は爽快です。

佐伯千仭先生の追悼論文集の執筆を引き受けたのが二月はじめで、原稿の締め切りは三月末日ということは、一応了解していたのですが、今回は、予想以上に執筆が難航しました。それは、「佐伯刑法学の平野刑法学への影響」というテーマが興味深いものであるにもかかわらず、なかなか問題の中心部に切り込めないという状態のまま執筆が進まなかったという事情があったからです。一人暮らしという生活の変化や前立腺がんの検査・治療という環境もマイナス要因だったことは事実です。

過日、大阪の石川弁護士に本稿に関連する質問をしましたら、定刻主義者である私がまだ執筆中というのは驚きだというきびしいコメントをもらいました。たしかに、これまで、依頼された原稿で締め切り日を守らなかった経験はほとんどない私としては、今回は何と一か月の遅滞という記録を作ったことになります。それでも、四月三〇日には脱稿し、五月に入らずにすんだのが、せめてもの救いだったということになります。

身体的な老化とともに、精神的な老化も進むこと自体は、避けられませんが、少しでもその速度を遅らせるために、新しい工夫が要るように思います。どのような方法でどこまで行けるのかという実験をしてみることも、今後の生き方を考える上に、有益だと考え、当分はまだ諦めずに試行錯誤を繰り返して行くことにしたいと思います。(ブログ二〇〇七・五・一)

夏休みの使い方

私は、長らく大学に勤めていましたので、夏休みをいかに有効に使うかということが毎年の重要な課題でした。かつての古き良き時代には、七月一〇日頃から九月一〇日頃まで、ほぼ二か月間、講義から解放されて、研究に専念できるという恵まれた状況におかれていました。

しかし、学生諸君はいうに及ばず、研究を本務とする教員の職にある者にとってさえも、与えられた長い夏休みを有効に使うことができたかは疑問で、むしろ結果的には失敗の繰り返しに終わるという苦い経験をすることが多かったのではないかと思われるのです。

その理由の第一は、普段は出来ないで溜めていた宿題を全部夏休みに丸投げすることによって、夏休みに過大な負担を背負いこむという「無計画性」にあります。夏休みに入る前に、宿題を整理した上で、夏休みの期間に実現可能な計画を立てるべきでしょう。

第二は、夏休みが長いからと安心して、なかなか態勢がとれないまま、スタートが遅れることが多いということです。夏休みの後半になってようやく開始したけれども、軌道に乗らないうちに終わりが見えてきたため、あわててその場を濁すという中途半端なことになりかねません。むしろ、十分な準備を整えて実行に着手する前半こそが勝負であって、できれば七月中に一定の方向性を出しておかないと手遅れになるおそれがあるでしょう。

第三は、継続性を確保することが難しく、中断したり、停止したり、やり直しになったりすることが多いということです。無理をしなくても、コンスタントなスピードを維持することができるための工夫を編み出さなければなりません。「急がず、たゆまず」という新渡戸稲造博士の格言を肝に銘じるべきでしょう。

今年の夏も暑そうですが、私自身も、九月始めまで努力して、その成果を反省したいと思いま

す。（ブログ二〇〇五・七・一九）

六〇年ぶりの大雪

今年の一二月は寒い日が多く、とくに一一日から一二日にかけての大雪は北日本や裏日本だけでなく、近畿や中部地方の都市部にまで及びました。今年は記録的な大雪の年といわれていますが、最近ではむしろ雪が少ないことが常態化され、「暖冬」現象が定着していたことをあらためて知らされることになりました。

私は滋賀県の最北部の「余呉村」（今は余呉町）に生まれましたので、子どものときから冬は雪との長い付き合いがあります。今年も余呉町柳ヶ瀬の大雪が報じられていますが、かつての大雪は今の比ではありません。今との決定的な違いは、二メートル、三メートルという雪の高さと量だけではなく、一一月末頃から積雪が始まって、降り続いた雪が翌年の三月―四月頃まで山も田畑も住宅も埋め尽くすという「長い雪の季節」が継続していたという点にあります。屋根の雪を落とせば家が雪に埋まって戸が開かず、暗い家の中に閉じ込められ、道路の雪も藁靴で踏みつけて歩き、黒い土は長い間見られない状態が続いていたのです。母親は、降り続く雪を仰いで、この雪の中に少しでも砂糖が入っていればと嘆いていたことを記憶しています。

小学校へも細い雪道をマントを着て長靴を履き一列になって集団で歩いて毎日登校しました。学校に着いたら汗びっしょりという状態でしたが、教室には大きな木炭のストーブがありました。学校の校庭も雪で一面真っ白でしたが、子ども達は元気に遊んでいました。しかし、私は手足に「しもやけ」ができて難儀したことを覚えています。

中学は虎姫まで五年間汽車で通学しましたが、敦賀方面から来る蒸気機関車は雪のために遅れるのが通常で、駅の石炭ストーブを囲んで時間待ちをするのが慣わしでした。六〇年以上も前の「雪の季節」との長い付き合いを懐かしく思い出すこの頃です。(ブログ二〇〇五・一二・二一)

大晦日の今昔

とうとう二〇〇五年の最終日である大晦日になりました。

最近は、年末・年始の恒例となっている家庭行事も次第に簡略に済ます「老人家族」となっていますが、それでも行動がスローになっただけ、手間暇がかかる年末のわが家の現風景です。しかし、今年は一二月二九日から一月二日まで、東京から来た孫娘(一六歳)と三人の共同生活ということになりましたので、少し華やいだ正月になりそうです。

かつての大学の現役時代の年末・年始の風景は、完全な夫婦分業で、私は多くの執筆原稿をかかえながら、自転車での買い物を分担し、家内は狭い台所一杯におせち料理を広げて、深夜まで悪戦苦闘するというパターンが続いていました。正月は二日から院生やゼミ生などがわが家を来訪することが慣例になっていましたので、その期待に答えるための準備体制が必要不可欠であったわけです。また、その当時から、年賀状の裏には家内がちょっとした「挿絵」（えとの動物）を書き、表も裏も自筆で筆書きするというスタイルが出来上がっており、その後も枚数は減りましたが、このスタイルだけは現在まで続いています。

もっと昔の少年時代の年末・年始の風景は、雪におおわれた片田舎の素朴な風景です。一二月三〇日は、玄関の広い土間で暗い早朝から大家族による「餅つき」の行事があり、子どもや少年にとっては年齢に相応しい腕試しの絶好の機会でした。屋根の雪降ろしは子どもにとっては危険な仕事ですが、玄関から前の広い道に至るまでの道路の雪かきは子どもたちの重要な仕事のひとつでした。まだテレビもない時代でしたが、ラジオ放送は少年にも身近なもので、雪国の田舎の炬燵の窓から見知らぬ都会の文化の感触をつかむことができたのです。（ブログ二〇〇五・一二・三一）

年賀状の今昔

もう正月気分を越えたようだが、新年の慣行として定着している「年賀状」について、いくつかの思い出を記しておきたい。年をとってくると、交際範囲が次第に狭くなり、記憶力もとみに低下していくものであるが、「年賀状」は昔の交友関係を今によみがえらせる貴重な機会ではないかと思う。一年に一回の情報交換によって、互いの所在と生き方を確かめ合うことが、毎年繰り返され、「相変わらず」と聞いて安堵感を覚えるのである。

しかし、印刷技術の発達がこの分野にも急速に波及したため、年賀状はきれいになったが、画一的となり、個性的な味わいを喪失しつつある。その典型は、表も裏もすべて機械的な印刷文で、添え書きの自筆もないといいう素っ気ないものである。この種の年賀状の増加は、特定の個人間のパーソナルな情報交換の形式としては、決して歓迎されるものではない。

あけまして
おめでとうございます
一九六五、一、一
京都市左京区熊野
京大熊野職員宿舎三三
なかやま いちろう
ようこ
けんいち(5才)
なおこ(3才)
1965年（昭40年）の年賀状

ところが、最近は技術がさらに進んで、カラー印刷が可能になり、写真を添付したものも現われるようになってきた。こうなると、味気なさは一挙に魅力に転化する。しかし、ここでも添書きの自筆を是非とも加えらることを要望したい。因みに、私どもも、すでに一九六五年（昭四〇）の年賀状に、二人の子どもの写真を入れた年賀状を作成していたことがあった（現物が一枚残っている）。先見の明があったというべきか……。

しかし、その後は、ワープロやパソコンの普及にもかかわらず、年賀状だけは表も裏も筆の自筆で書くという方式を現在まで維持しているが、その年の「干支」の絵を描いてくれる家内の体調と時間から、今年は五〇枚が限度となってしまった。やむなく、賀状のお礼はパソコンのメールでという二本立てになっている。おおかたのご了解をお願いする次第である。（ブログ二〇〇六・一・五）

長岡天満宮の梅

私は、京都府長岡京市の梅が丘というところに、もう三〇年以上も前から住んでいますが、すぐ近くに「長岡天満宮」の社を囲んだ小高い丘陵地帯があります。正面の階段を登ると大鳥居があり、すぐに眼前に広がるかなり大きな池（八条ヶ池）の景色を眺めながら、見事なつつじの並木にすっぽりと包まれた参道を歩いて、天満宮の境内に入ります。そこには、すでに梅と桜の木が点在していますが、境内の奥には、特別な「梅林」があり、ここは狭いですが、梅の名所のひ

長岡天満宮の八条ヶ池

とつとなっています。今年は、寒い日が続いていたのですが、今日、久しぶりに「梅林」を見に行きました。梅はまだ三分から五分咲きというところでしたが、写生に来ている人も何人か見かけました。梅は、桜よりも、地味で清楚な感じがして深い味わいがあるものです。

「梅が丘」の住宅地は、天満宮の境内を抜けた反対側にありますので、すぐに裏から境内に入ることができます。以前は、もっともっと竹薮が密集していたのですが、次第に住宅が増えて、竹薮が失われていくのが残念です。境内に接する森の一帯は市の管理する「公園」になっており、大きなグランドのほか、ゲートボール場、テニスコートなどがあります。私自身も、かつてはテニスをし、犬を連れてよく歩きましたが、今は時々散歩する程度になりました。

天満宮は、菅原道真に由来するものですが、この境内の中にも、菅公に関わる記念碑が残っています。そのひとつに、菅公の歌を刻んだ碑がありますので、その歌を紹介しておきましょう。

うみならず　たたえる水の　そこまでも
きよき心は　月ぞてらさん

これからは、三月は境内の「梅」、四月は八条ヶ池の土手の「桜」、五月は参道の「つつじ」、というように、花の季節が続きます。（ブログ二〇〇六・三・九）

異状気象

京都は今年の夏も蒸し暑い日が続いて、いささか参っています。たしかに昨年の夏も暑かったことは事実ですが、今年は私自身が精神的になかなか前向きになれないせいもあって、余計に暑すぎると感じるのかもしれません。しかし、最低気温が二七―八度、最高気温が三五―六度という日が定着し連続することは、もはや異状気象というほかはないように思われます。

私は、長い間京都に住んで、暑い夏にも慣れているつもりですが、かつての典型的な夏の気象は、日中は三〇度に達することはあっても、朝夕は比較的涼しく、とくに夕方は涼風が立って、打ち水をすれば、浴衣で団扇をもって散歩を楽しむことが十分にできました。ところが最近では、朝おきたときからすでに涼しさはなく、夕方になっても一向に温度が下がらず、夜の一二時になってもまだクーラーを消すことができないくらい、高温どまりの現象が長く続いています。京都の夏の風物詩や行事は継承されていますが、現場まで外出する際には汗だくになることを覚悟しなければならず、むしろクーラー付きの室内でテレビで鑑賞するというのが一般的なスタイルになりつつあります。

昨晩も、九九歳になった家内の母のいる老人ホームの夏祭りに顔を出しましたが、クーラーのない中央広場で踊っている着物姿の女性の顔がびっしょり汗で濡れているのが印象的でした。帰途に立ち寄った天神の森にも、涼風はなく、汗だくのまま帰宅しました。

これが、地球環境の悪化のあらわれであることは、もはや疑う余地がないでしょう。目をそらすことなく、地球温暖化の原因と影響を探り、これに歯止めをかける方向に大転換することが求められています。もう手遅れかもしれませんが、放置することはより危険だと思います。気候が(も)おかくなっている、ますますおかしくなるおそれがあるという危惧の声をもっと広げる必要があります。(ブログ二〇〇六・八・二〇)

大晦日雑感

今日は、二〇〇六年一二月三一日。今年の大晦日です。

昨年の暮れは、家内が一緒でしたので、「老人家族」の年末風景を書きましたが、今年は様変わりの淋しい年末です。しかし、一二月二九日夜に、カナダ在住の娘と東京にいる孫娘が京都に来ましたので、一月三日までの間、つかの間のにぎやかさを味わっています。

早速、二人を連れて、家内の母（九九歳）を老人ホームに訪ねた後、スーパーやデパートでの買い物に付き合いましたが、せわしげな人ごみに挟まれてだいぶ疲れました。やはり、家にいて、本を読み、原稿を書いているのが、一番落ち着けるようです。

今年は、家内が亡くなって万事休すと思っていたのですが、何とか立ち直ることができ、研究生活にもおおむね復帰し、このブログもその後何とか続行することができたことは、不幸中の幸いでした。多くの方々からのご心配と暖かい励ましがあったことに、心から感謝する次第です。

しかし、研究生活の面でも、これからできることは自然と限られてきているようです。自重しながら、もうしばらく仕事を続けられることを願うという以上のことは、高望みしないつもりです。尊敬する佐伯先生が、「人は引き際が大切だよ」といわれたことを身にしみて思い出しています。そして、その佐伯先生の追悼論文集の原稿を書くのが、来年の初仕事になりそうです。

八〇歳代の「余生を楽しむ」ということが、私の場合に、「研究を楽しむ」ということになっていくのかどうか、来年が大切な境目の年になりそうです。成文堂からは、論文集の出版を勧められていますが、それができるかどうかも、これからの気力と体力の調整いかんにかかっています。とくに若い人たちとの対話と交流に引き続き努めたいと考えています。

明日から、二〇〇七年です。(ブログ二〇〇六・一二・三一)

二〇〇七年一月一日

年が明けて、今日から二〇〇七年になりました。

昨年はまだ家内と一緒の正月でしたが、今年は年賀欠礼の淋しい正月となりました。

それでも、家内の母のいる老人ホームには、大阪の息子一家四人とカナダから帰っている娘と孫娘を含む七人で訪問し、今年一〇〇歳になる予定の老母のおだやかな笑顔に元気づけられて帰りました。かくいう私も、間もなく八〇歳になる予定の老人です。

今年は、欠礼をご存じない方から数少ない年賀状がきましたが、その中に、外国郵便で、二〇年も前のポーランド人の旧友からのものが含まれていました。これは、私のポーランド留学時から知り合った多くの刑事法の専門家の一人ではなく、むしろその後に全く別のルートから偶然に知り合った精神医学者で、日本の宗教や文化に興味をもつ知日派の外国人に属しています。その彼が、二〇〇六年に自伝的な書物『私の人生と家族生活の歴史』を出版したといって、かつて京都に滞在した時の記録の部分を数枚の写真とともにカラーコピーして送ってくれたのです。

それらの写真の中には、京都国際会館、京都御所、金閣寺、比叡山延暦寺、龍安寺などの著名

Profesorostwo Nakayama przy kolacji pożegnalnej

な名所を自写したもののほかに、自分が滞在していた旅館の畳の部屋、そして、何と「別れの晩餐」と題する、私の家での食事風景の写真も含まれており、しかもその中に私の亡き妻の姿も写っていることを発見して驚きました。

それは、私の当時のメモでは、一九九一年七月五日から一三日までの間の出来事で、今から約一五年前のことになります。ポーランド語の文章は、もうほとんど読めなくなっていますので、誰かに翻訳を頼んで、正確に復元したいと考えています。（ブログ二〇〇七・一・一）

一一　先生方のこと

故宮内教授と私

宮内先生が亡くなられてから、もう七か月以上過ぎた。しかし、外国で亡くなられて直接遺体を拝見していないままの状態では、何かまだ、一年の外遊期間が延期され今もまだドイツに滞在されていて、いつでも元気で帰ってこられるような状況が、しかし空しくつづいているといった感じがして仕方がない。

先生の研究室の書物の整理などを含めて、当座のあと始末の仕事もようやく一段落した。残務整理という仕事の性格は、私を気の重く進まない精神状態においこみ、事態の事務的な進行の中で、ずっしりと重い疲労感をおぼえずにはいられなかった。私は何度か、主人を失って一瞬に存在根拠を失ない、やがて消えて行くはずの先生の研究室に一人坐って、一方で事務的な仕事の段

宮内先生とストーブを囲んだゼミ生（昭和30年頃）

取りを考えながら、他方でその仕事をできるだけ引きのばすことによって先生との交流のせめてもの機会をつなぎとめたいと思った。

しかし事態の進行は、一片の感傷をふきとばす程きびしい。学問研究の面でも、社会活動の面でも私どもは宮内先生の死をこえて前進しなければならないし、先生もそのことを何よりも期待しておられるにちがいない。いつまでも立ちどまってはいられないのである。みんなが元気を失ったときに、最先に立上って旗をふられたのがいつもほかならぬ宮内先生であったのだから。

以上のような将来への前進の努力を確認した上で、今日は少しばかり生前の宮内先生の思い出をつづってみたいと思う。

先生と私との出会いは、昭和二四年にさかのぼる。もう今から二〇年も前になる。この年の春、先生は立命館から京大に移ってこられ、私は京大法学部に入学した。まだ戦争のきずあとが残っており、陸士、海兵からの転入組と一見してわかる軍服姿も目立ち、いちじるしい食糧難の時期であった。しかし、戦後解放期の民主的雰囲気も、ようやく曲り角にはきていたが、まだ残っていたのである。当時すでに民主化運動は壁にぶつかり、京大でも病院で看護婦事件がおきている。あの事件当時、夜まで大学に残って、夜空にうかぶ時計台のあかりを見たときの印象が今もあざやかに思い出される。

宮内先生は刑事学の講義を担当され、私どもが聞いたのはその処女講義であった。私はあまり熱心な学生ではなかったが、犯罪の社会的原因の解明への史的唯物論の観点からのアプローチに清新な興味を抱いたことをおぼえている。試験問題はたしか「犯罪と経済的要因との関係」であったように記憶しているが、おそらく勇ましい性急な決定論が原因だったのであろうか、成績は余り香ばしくなかった。当時はまだほとんど教科書がなく、ほとんどノートまたは京中会とかが学年末に発行するプリントだけがたよりだったのである。

私は法律解釈学には余り興味がなく、六法全書片手に議論する法律相談部の連中を、一方では敬遠し、他方では苦々しく思っていた。既存の法律学の革新という意気にもえて、学生民科などの研究会作りの方向に動く過程で、宮内先生とお話する機会が生まれることになった。当時は休み中の帰郷活動も盛んな頃で、郷里に宮内先生をお招きして講演して頂いたこともあった。

先生の研究室に出入りするようになってから、先生が社会主義国の法律に大きな関心と広い問題意識をもっておられることを聞き、丁度シベリア帰りの友人がいたのを幸い、先生を含めてロシア語の勉強をはじめることになった。この研究会は、その後私自身が病気で休学するようになって余り長くは続かなかったが、現在の私の研究分野を考えるとき、その深いかかわりを感じないわけにはいかない。

当時先生の手許には、一九四八年版のソ連の刑法教科書がまだ誰にも読まれない状態で保管されていた。初歩的文法の知識のみで、先生に勧められて私もそれを読もうという冒険心をおこし、最初は先生と二人で、そして病気の後は私一人で、その書物に取り組んだのである。正味一年程かかって翻訳を終え先生に見てもらったが、その時の先生の笑顔が忘れられない。先生の初期のソビエト刑法研究には、先生ご自身の大変な努力とともに、学生時代の私の仕事もささやかながら生かして頂いているのである。わたくしは、宮内先生のおかげで、ロシア語と刑法学にかかわることができるようになった。ソ連の刑法は意外に日本のそれとよく似ていたので、上述の翻訳は、刑法の勉強にもなり、正規の科目の不勉強を多少とも補うことができた。

昭和二八年に大学を卒業し、瀧川先生の下で大学院に残るようになってからも、宮内先生と私との間柄はますます親密なものとなって行った。つづいてソ連から入った一九五二年版の刑法教科書の翻訳が先生と私との次の共通の仕事であった。その頃からようやく私も研究者として、先生と内容上の議論ができるようになってきており、とくに刑法の根本主義との関連におけるソビエト刑法の性格づけといった点でしばしば充実した議論をする機会があった。客観主義の立場からのソビエト刑法の再検討という当時の宮内先生によって推進された方向は、基本的には今日においても私の研究にとって変らぬ前提となっているのである。

その後、宮内先生は中国の刑法へも手をひろげられた。先生は中国語にも手をつけられたが、ずぼらな私は、ロシア語で読みうる限りでの中国法の文献を参照するにとどまり、中ソ論争のあとは情報に事欠くにいたった。あのとき先生と一緒に中国語も勉強しておけばよかったと悔やまれてならない。

宮内先生と共に（昭和25年３月、木之本駅ホームにて）

先生のその後の学問的関心は、治安立法、労働刑法、警察機構、刑事学の実態調査などに拡がり、私が単独で専門的に援助申し上げる領域は相対的に減少したが、しかし私自身はたえず先生の問題意識に引っぱられながら、その驥尾に付していることに変りがない。

先生は学問研究の分野にとどまらず、社会活動家としても卓越した業績を残されたことはすでに広く知られている。学内では安保改定期に生れた教官研究集会の世話役を長年引き受けられ、学外では、文化人の社会的責任を果たすために、憲法擁護教授懇談会から憲法会議へと発展する憲法擁護運動にも、常に肩をはって、中心的役割を果たしてこられた。多くの人々がその過程で先生の影響をうけ、その活動にともに参加されたのであるが、私もまた先生とのかかわり合いの親近さによって、その多くの側面で先生と行動をともにする機会が多かった。差支えないときはその代理もつとめさせて頂いていたが、その過程で教えられるところは非常に大きかった。状況判断の的確さと迅速な行動力が先生への信頼をいちじるしく高めていたのである。

忙しい中での時間の合理的配分と仕事の早さについても先生は定評があった。先生の業績目録をまとめる過程で、その多方面な執筆活動に今更ながらおどろかされた。先生は経歴の示す通り、通常の学者と比べて、とくに戦前において多くの苦労を経験され、また京大にこられてからも決して波静かではなかった。しかし私にとって驚異なのは、この二〇年に及ぶ期間を通じて、先生がただの一度でも弱気を見せられたことがなかったという事実である。先生は、心では泣いていてもそれをおさえて顔では笑うことのできる、何か鋼鉄を思わせるような強靭さを秘めておられた。真実を回避する楽天主義者ではなく、偉大な楽天家であったということができるであろう。私など、度々元気を喪失して相談に伺うと、最後は笑いとばされて元気を回復することが多かったのである。

生活の合理性の面では、私のほうがより合理主義者であったかも知れない。先生は、以前はよく酒をのみ、煙草とコーヒーは遂に亡くなるまでその量は増大しこそすれ減少しなかった。持病のぜんそくによくないことは百も承知で。――それから夏の登山、冬のスキー、玄人はだしの写真など、趣味も豊かだった。先生は人の後ろからついて行くことが大きらいで、誰もいなければ一人ででも「前衛」を死守することに生き甲斐を感ずるような性格のもち主であったといってよい。私は少々スポーツをする位で、趣味に乏しく、酒、煙草、コーヒーのいずれもたしなまず、その点でははっきりと先生の不肖の弟子にとどまった。

京大は、あるゆる意味でユニークな先生を失い、大きな損失をうけた。しかしその教えをうけた多くの人々は、真摯にかつ一貫して徹底的に前衛として生き抜いた先生の生涯から、きっと多くの教訓を引き出すことになるであろう。私も、とくに親しく可愛がって頂いた弟子の一人として、先生の死を決して無に帰せしめてはならぬと自分自身にいい聞かせている。

宮内先生の御写真は、将来刑事法研究室に移す予定で、現在は平場教授の研究室にかざられている。刑事学関係の先生の蔵書は、宮内文庫として京大に残されることになった。あとに残された者の責任が重いことを痛感し、今一度、はるか異郷のドイツで無念にも急逝された宮内先生に思いをはせつつ、思い出をとじることにする。

（故宮内裕教授追悼文集「樅の木」、昭和四四年）

泉ハウス・読書会と私

泉ハウスができたのが昭和三二年、刑法読書会は昭和三〇年、それは私が研究者としての道を歩みはじめたばかりの頃にあたる。結核のあとがまだ尾を引き、健康にもまだ不安がのこっていた。ほんとうにあぶなっかしい出発点であったと思う。

卒業時の不景気を反映してか、私どもの世代には大学にのこったものがかなり多かったが、その昭和一桁世代が泉ハウスと読書会の第一期生となった。佐伯、平場、宮内の三先生はいわば将校であり、中先生は下士官、そして私どもは兵卒という感じであったが、仲間のうちで私が年長でもあったことから、私はいつの間にか伍長のような存在となったように思われる。

そのうち私はいつの頃からか甲板士官の名をいただくようになった。これではもう怠けたり休んだりすることはできない。こうして、泉ハウスと読書会は、私の研究生活の不可欠の一部にくみ入れられることになった。はじめは意識していたが、やがてそれは慣習的に定着してしまった感じがする。今日でも泉ハウスと読書会は、私にとって最も関係の深い大切な存在である。この二〇年間をふりかえって、私の今日あるは泉ハウスと刑法読書会に負うところが大きいことを痛感する。佐伯先生はじめ三先生による読書会の創設と泉先生によるハウスの提供にあらためて感謝を意を表したい。

私はそこで、学問上の刺激をうけ訓練をうけただけではなく、その糧となるべき広い人間的交流の場をも与えられた。私は酒をのまず、また昭和三三年に結婚しているので、研究目的以外の時間をそこですごしたことはあまりなかったっといってよい。しかしかつては、二次会、三次会につきあった（つきあわされた）こともある。そして、私どもの仲間では人間関係にわだかまりがなく、仲間を出しぬいたり、足をひっぱったりすることのない協力的な人間関係が基本的に維持されているように思われる。安心感と信頼関係は、泉ハウスと読書会を支える貴重な財産であるといってよいであろう。

泉正夫先生のご自宅にて（1978年）

もちろんそこには反省すべき点も多く含まれている。とくに私としては、甲板士官の立場から、読書会における共同研究と、個々の会員による研究の成果と進展状況に関心をもたざるをえない。この点は自画自賛におわってはおらず、客観的な評価のためには、外部からのきびしい批判をうけなければならないと思っている。謙虚に批判に耳をかたむけて、それを改善のための糧としなければならないのである。

二〇周年を迎えた現在は、初心にかえる絶好の機会である。文集もまたその意味で計画されたものといってよい。私

泉先生を囲む会にて　左から平場先生、泉先生、佐伯先生、中先生（1990年3月25日）

ども第一世代が作り出したささやかな遺産は、次の世代に引きつがれて行かなければならない。マンネリにおち入り勝ちな雰囲気を打ち破って、生き生きとした新鮮な魅力を注入して行く努力が必要である。とくに若い世代に対して、受動的な対応から積極的な能動的開拓への意欲を期待したいものである。

　甲板士官および定刻主義者としての私の役割はまだ当分おわりそうにないように思われる。私の仲間や若い世代の会員の協力をえて、泉ハウスと刑法読書会を少しでもよい方向に前進させて行きたいというのが私の念願であり、それが佐伯、平場、宮内、泉先生などの創始者の方々の御恩にむくいる途でもあると思われる。とくに創始者の先生方の中で、宮内先生が早く亡くなられたのはかえすがえすも残念なことであった。丁度一〇年前のことで、泉ハウスと読書会の最初の一〇年間は宮内先生を加えて大いにさかんな上昇期であったことが思い出される。その後の一〇年間は、大学紛争などもあり多難な時期であった。これから一〇年間はどうなるであろうか。泉ハウスと読書会の発展と幸運を祈りたい。（『梁山泊のひとびと』泉ハウス・刑法読書会二〇周年記念文集、昭和五三年一二月）

人生三分論

末川博先生の「人生三分論」は、かなり有名ですが、七月の第一土曜日の刑法関係の月例研究会が立命館大学の末川会館で開かれた機会に、記念館で先生の人生三分論の意義を再確認しましたので、あらためて紹介しておきたいと思います。

末川先生の人生三分論は、理想と現実とが、以下のような関係にあります。

	人の世話になる期間	世の中につくす期間	自適の期間
(理想)	出生—二五歳	二五歳—五〇歳	五〇歳—七五歳
(現実)	出生—二五歳	二五歳—七〇歳	七〇歳—八四歳

以上を見ますと、平均寿命の延びを計算に入れましても、末川先生が七〇歳まで立命館大学の現役の総長として働かれたのがまことにご立派というほかはありません。

その後は、平均寿命がさらに延びていますが、かくいう私は、二〇歳から親の世話を離れて、三〇歳から働き始め、七〇歳まで大学で働いた後も、いまだに「自適の期間」が訪れないという有様です。先生に、まだまだ「自適の期間」ではないよと言われていうような気がしました。
（ブログ二〇〇五・七・二）

「闘うヒューマニズム」の精神

去る一〇月一九日の午後、「末川博先生生誕一一〇周年記念の会」が京都で開催され、出席した。一海知義氏のご挨拶の後、甲斐道太郎氏が、末川先生の民法論についてお話になり、次いで末川清氏（ご子息）が末川先生の人となりについてお話されたが、最後に九五歳のご高齢の佐伯千仭先生が演壇に立たれたときは、満場は異様な緊張感と感動に包まれた。出席者の中には、すでに年配となったかつての知人が多く、それぞれの思いを胸にしながら、末川先生を囲む関係者として、暖かく、まろやかな一体感があった。会場は、末川先生にそっくりのご子息を通じて、あたかも末川先生が帰って来られたような錯覚に陥ったのである。

甲斐先生は私の先輩で、民法、とくに消費者法の専門家として著名であるが、末川先生の「権利侵害論」のお話を通じて、久しぶりに民法の講義を興味深く聞くことができた。末川先生の直系の弟子がすでに亡くなられたり、ご病気であったりという状況をお聞きすると、少し淋しい感じがしたが、甲斐先生は変わらずお元気で、会の終了後、私がこの秋から所属することになった

前列前から宮内先生、末川先生、佐伯先生を囲んで
後列左から光藤氏、井戸田氏、中川氏と著者

法律事務所の伊賀弁護士が阪神大震災の被害者救済問題で頑張っていることをあげて、励まされた。

末川先生のご子息のお話も、大変興味深かった。末川先生が、少年時代には小心者で、臆病心から喧嘩を避けておられたといわれた点は、意外な感じもしたが、その先生が、戦前には京大事件で権力に抵抗し、戦後は平和と民主主義のために文字通り奮闘された、あの巨大なエネルギーがどこから生まれたのかという点を深く考えさせられた。

佐伯先生は、刑法の最長老であるが、当日のお話は、末川先生が立命館の総長を引退される少し前の時期に、全共闘の学生に占拠された建物の解除の件で京都府警に行かれた際に、同行された佐伯先生が、大学側が依頼したことになると末川先生の責任になることを危惧されて、事態を何とか無事に収められたという苦心談であった。お二人の間には、戦前から続いていた長年の厚い信頼関係があり、それが「あうんの呼吸」となって現れたのではないかと思われる。

末川先生が、法の理念は正義であり、法の目的は平和であるが、法の実践は「社会悪とたたかう闘争である」と喝破されたのは、あまりにも有名であるが、佐伯先生もまた、刑事法の理論と実践において、何よりも「法曹の人権感覚」を強調され、陪審制の復活に情熱を燃やし続けられるとともに、違法論における法益説が唯物論だというナチスばりの批判にたじろぐことはないと言いきっておられる点に、ゆるぎない在野精神を見ることができる。

お二人に共通するのは、「闘うヒューマニズム」の精神ではないかと私は考える。ヒューマニズムを唱えることだけならば容易であるが、これを実際に闘いとることは困難であり、そのための説得力のある理論と実践の力が必要である。何より、この点を両先生から学び、発展させなければならない。

私自身は、京大の学生時代に末川先生の民法の講義を受講し、佐伯先生は刑法の最大の恩師にあたる。当日は、学生の時代に帰ったような、身の引き締まる思いであった。

なお、本誌との関係では、私自身も、かつて「サラ金規制法案の罰則について」と題する小稿を書いたことがあることを記しておく（法律時報五一巻五号三八頁、一九七九年）。

（消費者法ニュース№五四、二〇〇三年一月）

佐伯千仭先生宅を訪問

二月二日の午後、待望していた佐伯千仭先生宅への訪問の願いが叶いました。友人の井戸田侃さん（立命館名誉教授）とご一緒に、京都下鴨の閑静なお宅に伺ったときは、九八歳という先生のお年のことが頭をよぎり、一瞬緊張しました。しかしその心配も、先生のいつものお声と笑顔を拝見するや、直ちに消え去り、時の流れが一挙に逆流するのを覚えました。先生は、いつもとお変わりなく、椅子から立ち上がって迎えて下さったのです。

佐伯先生は、一九〇七年（明治四〇年）一二月のお生まれで、すでに九八歳を越えておられるのですが、どうしてもそうは思われません。視力も聴力も十分で、普通の会話が可能なのです。お元気だとは聞いていましたが、これはもう本当に驚嘆するというよりほかはありません。

私どもは、何よりも先生のお体のことが気がかりでしたが、先生は平気で応対され、さすがに最近は運動をしなくなったけれども、夏はプールで泳ぎたいくらいで、辺りが心配するので遠慮していると漏らされる有様でした。

その上に、話が学問の世界に及んでも、先生の記憶力は抜群で、昔の先生方との交流の様子を、鋭い寸評を交えながら、すらすらとお話になりました。とくに印象的だったのは、先生が京大の助手から助教授に昇進された際に、当時の恩師であった宮本英脩教授の主観的違法論を批判して客観的違法論を展開したにもかかわらず、それでもなお自分を助教授に推薦された宮本先生の度量の大きさに感謝しているといわれたことです。私はそこに、佐伯先生の学問に対する厳しさと人間的な寛容さの淵源を見る思いがしました。

結局、二時半頃から四時半頃まで、二時間ほども先生のまだまだ尽きぬエネルギーを享受するという貴重な恩恵に浴しました。先生のご健勝を心から祈念しつつ、井戸田さんと下鴨神社の辺りまで歩いて、別れました。そして、昔から、佐伯先生とお会いすると、勉強しなければと反省したことを思い出していました。（ブログ二〇〇六・二・三）

佐伯先生の訃報

九月一日の夕方、大阪の石川弁護士から電話があり、佐伯千仭先生が亡くなられたと聞いて、驚きと悲しみに沈んでいます。九月に入って、ようやく感じるようになった涼風が佐伯先生の訃報を運んでくるとは思いもよらないことでした。

急いでブログの記事を参照しましたら、私自身は何と今年の二月三日に、井戸田さんと一緒に佐伯先生宅を訪問しており、お元気なご様子を書きとめていることが判明しました。真っ先に、その折のことを思い出し、記憶を反芻しています。

石川さんとの電話でも、近いうちにまたご機嫌を伺う機会があればと話していましただけに、亡くなられてしまわれたことは、本当に残念であり、悔やまれてなりません。

佐伯先生は、九八歳のご高齢にもかかわらず、最近までほとんど変わらない体力と気力を維持され続けてこられたのは、まことに驚異的というほかありません。二〇歳も若い私自身がすでに老境に入っていることを思いますと、すでに戦前の時期から始まって戦後に続く長い時代を刑法理論家および実務家として真摯に生き抜いてこられた先生の一貫した姿勢には頭が下がる思いがします。地位でも名誉でもなく、その実力と人柄こそが学界および実務界に浸透する影響力の大きさを示すものとなっているのです。

私自身も、佐伯先生から教えて頂いたことを、今一度確認しつつ、何とか先生の驥尾に付して行きたいと念願しています。先生、どうか安らかにお休み下さい。(ブログ二〇〇六・九・二)

佐伯先生九一歳の講演

佐伯千仭先生を偲ぶ会が二月三日の午後、大阪の弁護士会館で行われることになっています。その日も近づいてきましたが、最近では、佐伯先生のスケールの大きいお人柄やお仕事に関わる逸話などを記録した文章も目につくようになってきています。

その一つとして、佐伯先生が九一歳のご高齢のときに、大阪弁護士会館で講演された記録を入手することができました。これは、一九九九年（平成一一年）九月二〇日に、「刑事弁護と刑事訴訟法五〇年」と題する第四二回日弁連人権大会プレシンポジウムの際の基調講演の一つとしてなされたもので、講演のテーマは「全面的証拠開示と刑事訴訟法」というものでした。

この記録は、現在私が所属する事務所の伊賀興一弁護士が、この貴重なシンポジウムの総合司会の役割を果したという歴史的な事実とともに、私に知らせるべく送られてきたものです。

私自身は、この講演の趣旨自体は先生からどこかでお聞きしたような記憶はありましたが、改めて佐伯先生のこの文章に直接触れることによって、その一貫した鋭い論旨とその説得力を支える情熱的な人権感覚に圧倒されてしまいました。先生は、結論として、「法規の明文の根拠がなくても、合理的だと思われる場合には、……裁判所による公判前の証拠開示命令は可能だという方向に裁判所を引っ張って行かねばならないのです」といわれていますが、それは弁護士が裁判所を動かして行くだけの情熱と力量を身につけるべきことを若い弁護士達に訴えられているように思われるのです。そして、同じことは、学者の場合にも言えるのでないかと自省している次第です。（ブログ二〇〇七・一・三〇）

佐伯先生を偲ぶ会

二月三日（土）の午後一時から五時まで、大阪弁護士会館で、九八歳という長寿を全うされて昨年九月一日に亡くなられた佐伯千仭先生を偲ぶ会が行われました。会場には早くから参加者が集まり、二五〇名に達しました。会場の正面には、先生の遺影のほかに、会が始まるまでの間、先生が生前にインタビューに答えて面談されているビデオが流されており、先生の在りし日の豊かな表情を身近に思い浮かべることができました。

開会の辞に次いで、全員が黙禱を捧げた後、数名が追悼の辞を述べましたが、私が最初に指名されて、大変緊張しました。私は、①佐伯先生とはじめてお会いしたのが昭和三〇年のころ、立命館大学の先生の研究室に伺ったときであったこと、②佐伯先生は、当時の若い研究者のために「刑法読書会」という新しい研究会を組織され指導されましたが、これが実に五〇年以上もの間継続し、現在まで生き続けていており、われわれの世代がその第一期生であって学恩が最も深いこと、③佐伯先生が研究の在り方について、外国の制度や理論を研究する場合にも、常に日本の研究者が当面しもしくは背負っている問題の正しい処理と解決に役立つことを意図したものであってほしいと要望されていたこと、④佐伯刑法学の特色は、何よりもその歴史的な分析方法にあり、慎重で冷静な筆致のなかにはげしい情熱がかくされていること、⑤私自身がこれまで研究者

佐伯千仭先生を偲ぶ会（2007年2月3日）

として歩むことができたのは、ひとえにそのときどきに佐伯先生から適切なアドバイスを頂いたおかげであること、そして最後に、先生のご自宅を訪問した際には、いつもその帰り道で、もっと勉強しなければという気持ちを抱いたことなどの経験談を話しました。

ところが、その後の参加者の方々のお話を聞いているうちに、学者のみならず、いかに多くの実務家の皆さんが、私以上に佐伯先生に私淑してその教えを受けておられたのかという事実を改めて思い知らされることになり、ますます佐伯先生の偉大な指導力と影響力に驚嘆するほかはありませんでした。当日配布された「追悼文集」が、補完されてまとめられることを期待したいものです。（ブログ二〇〇七・二・六）

竹田直平先生のこと

竹田直平先生は、一九九八年（平成一〇年）三月一六日に九六歳で亡くなられた著名な刑法学者です。明治生まれの刑法学者には高齢の方が多く、牧野博士の九二歳、小野博士の九五歳を超えられましたが、佐伯博士の九八歳には及びませんでした。ただ、竹田博士には、他の先生方には見られない特異な経歴があり、富山の片田舎で小学校を卒業しただけで、単身京都に上洛し、河上肇博士の門をたたき、その後、独学で各種の資格試験に合格し、立命館大学講師を経て、立命館大学、近畿大学、甲南大学教授を歴任されたというユニークな経歴が目立ちます。

最近、古い資料の中から、河上肇全集（岩波版）書簡集（一）の中に、竹田先生にかかわる記事を発見しましたので、以下にその内容を引用しておきます。

① 大正一二年一月一四日　大原社会問題研究所内　櫛田民蔵様宛（封書）

竹田直平氏持参　河上肇

「拝啓　本日突然別紙の如き紹介状と自筆の手紙を有った青年がいきなり田舎から出て来て私を訪問されました。ご承知の通り私はじきに人にだまされるので私の鑑定は当てになりませぬが、可なり志操堅固に見受けられますので、一応あなたの方にご紹介して見ます。私の考えでは、しばらく研究所の雑用を手伝はして下すって、その余暇に先づ何はさておき外国語の習得をさせたらと思います。折角遠方から来訪されたものをそのままつきはなすのも気の毒ですし、また当地の下宿先へホーツておいて無駄な金を使はすのも痛ましく思いますので、私は兎も角当人が食っていけるだけの仕事を見付ける事が急務のように考えました。それについては、研究所の方へともかくもお願いして見たいと思ったのです。高野博士とご相談下さいましてもし研究所の方がご都合ができなければ関西大学の事務員にでも採用して頂くことはできますまいか？　いきなりあなたの方へ責任を転嫁するやうですがさし当り私によい考えがないので無遠慮ながらご迷惑をかけます。仔細は当人からなほおききとりを願います。匆々頓首」。

竹田直平先生を訪ねて（1989年３月26日、先生のご自宅にて）

②　大正一四年一月一七日　兵庫県武庫郡西ノ宮川尻二五七二　櫛田民蔵様（封書）

京都吉田　河上肇

「拝啓　竹田氏参上ご配慮を辱くいたしましたる由ありがたくお礼を申し上げます。研究所の方多分駄目だろうとは思いますが、ともかく所長のお帰りまで待たせておきます。そのうちに書生の口を一ヶ所と職業の口を一ヶ所と、ともかく聞いて見やうと思う心当たりがありますから、それを聞き合わすつもりでゐます。さうして何れもこれも駄目なら仕方がありませんから、国へ帰って貰うようにすすめて見ようとかと思っています。ご多忙中ご面倒をもちかけて済みませんが高野博士がお帰りになったらともかく一応のお話をお願いしておきます」。

なお、以上の書簡集のほかにも、河上肇博士が直接竹田青年に対して、恒藤恭博士（当時同志社大学経済学部助教授）の私宅を訪問するようすすめられている自筆の手紙も残されています。そこには未知の向学の青年に対する暖かい思いやりの心がにじんでいます。（ブログ二〇〇七・五・一九）

竹田直平先生のご逝去を悼む

ずっとお元気で、見事に長命を保っておられた竹田直平先生が、一九九八年三月一六日に亡くなられた。一九〇〇年（明治三三年）生まれの九七歳まで、ほとんど二〇世紀の全期間を身をもって体験され、まさに天寿を全うされたといってよいであろう。明治生まれの刑法学者には長命の方が多いが、牧野英一博士の九二歳、小野清一郎博士の九五歳をも越える長命の記録を更新されたのである。

竹田先生の刑法学者としてのご活躍は、戦前と戦後の実に長い時期にも及ぶものであるが、先生にはさらに、立命館大学法経学部法律学科卒業（三一歳）に至るまでの苦難に満ちた独学による研鑽という特異なご経歴があったことを特筆しておかなければならない。それは、富山県の片田舎で小学校を終えただけで、七年余り家業の農業に従事の後、大正一二年に河上肇博士に師事すべく上洛、独学で専門学校検定試験に合格し、昭和三・四年に立命館大学専門部に在学中、高等試験の行政科と司法科に合格して法律専門家としての資格を自力で獲得されたという他に比類を見ないものであった。卒業と同時に立命館大学の教員に抜擢され、やがて刑事法担当教授になられたのである。

竹田先生は、すでに学生時代から京大の瀧川幸辰先生の下で刑法学の研究を開始されていたが、やがて佐伯千仭先生や植田重正先生を加えた共同研究会の中で、一挙に研究活動のエネルギーが開花することになった。それは「関西刑法学草創のころ」に当たり、昭和八年の瀧川事件による中断をはさんで、宮本英脩先生を中心に、昭和一六年ころまで、前後約一〇年間続いたといわれる（刑法雑誌二四巻一号一一三頁以下、参照）。

戦後は、教職追放によって立命館大学を退職し、しばらく弁護士をされていたが、昭和二七年に近畿大学教授、昭和三五年には甲南大学教授となられ、七〇歳の定年退職に至るまで熱心に学生に刑法を講じられた。

竹田先生の戦後における共同研究の場は、新しくできた日本刑法学会「関西部会」であったが、この研究会には、先生は昭和二七年頃から熱心に参加され、みずから何回も研究報告を担当されて、研究会の指導的な役割を果たされ、若い会員との親睦も深められた。今は亡き中義勝先生とともに、もっとも議論することが好きでかつ徹底した思索家として名高い存在であった。

竹田先生は、日本刑法学会の創立以来の有力な会員の一人でもあり、昭和二八年から昭和四二年までの二十数年間にわたって、刑法学会理事としての役職をつとめられた。長い間ご壮健で全国学会にも出席されていたが、耳が遠くなられて討論が聞きとれないという理由から、晩年は研究会にも出席されなくなったのは、まことに残念なことであった。

しかし、先生の研究と勉学の意欲は、その後もずっと衰えることなく続行した。刑法分野の研究業績としては、すでに「規範論」と「行為論」という二つの輪に収斂する形ですでに完成の域に達していたが、その年来の主張を集約して発表された『刑法と近代法秩序』という書物（成文堂、昭和六三年）の出版が、先生の八八歳の米寿の時期にあたっていたことも、先生の思索の息の長さを示すものとして特筆されるところであろう。私は、その書物の「解題」の中で、竹田刑法学の提起した問題が、刑法学のもっとも基本的な論点に関わるものとして、現在においても十分に論争的なインパクトをもつものであることを指摘したが、私などよりもさらに若い会員が、わが国の諸先達が残されたすぐれた理論的営為の一つの結晶として、竹田刑法学の真髄に触れられることを勧めたい。

竹田先生は、日頃から、刑法学の研究は自分の勉強の一部にすぎないと言われていたが、それは少年時代からの旺盛な知識欲と膨大な読書量に支えられたもので、そのほとんどが独学による長年の蓄積の成果であった。その分野は、日本の古典文学から近代文学を網羅し、内外の哲学から社会学に及び、生物学や遺伝学、それに進化論、、経済学や経営学、技術論にいたるまで、とどまるところを知らなかった。まさに、百科全書派ともいうべき博学多識ぶりであって、私は訪問する度に、その一端を聞かせて頂いたが、何といっても、先生の少年時代の苦学された頃の昔話が今でも一番印象的なものとして残っている。

竹田先生の学恩に感謝しつつ、謹んでご冥福をお祈りする。（刑法雑誌三八巻二号、一九九九年）

平場安治先生と目的的行為論

私が大学を卒業して大学院に残ったのは、一九五三年（昭和二八年）四月でしたが、旧制大学院にはスクーリングというものがなく、指導教授の瀧川先生とは研究室でときどきお会いするという程度のものでした。しかし、同時に出発した新制大学院にはスクーリングがありましたので、私は当時教授になられたばかりの平場安治先生の大学院ゼミにもぐりで参加させて頂いたことがあります。当時の院生のメンバーとしては、光藤、繁田、阪村、西本、藤尾、尾中といった顔ぶれをなつかしく思い出します。

平場先生は、刑訴法とともに刑法も教えておられましたが、刑法の主題はもっぱら「目的的行為論」に焦点がおかれていました。それは、戦後にドイツから入ってきたばかりの新鮮な刑法学説で、日本でも、同世代の平野龍一、井上正治教授が好意を示し、次世代の福田平、中義勝教授らもこれに加わるという形で、大きな流れを形成しつつあったということができます。

当時の平場先生の大学院ゼミで印象的だったのは、先生が机の上に、煙草の箱やマッチを並べてこれを動かしながら、具体的な例をあげて、ゆっくりと説得的に説明されていくという姿で、院生たちは何かマジックにでもかかったように、その論旨を拝聴するというスタイルが定着していたように思われます。従来の通説がその前提から崩されて、新学説の観点から再構成されていくという構図は、見事なマジックのように見えたのです。私自身は、いくつかの疑問を提起しましたが、平場先生の確信は不動のようでした。

平場安治先生

その後、平野説が批判に転ずるとともに、目的的行為論の波も沈静化しましたが、平場先生が最後までその立場を変えることなく、独自の理論体系を主張し続けられたことは、その人間的なあたたかさと広い包容力とともに、今でも弟子たちの心の支えになっています。私も、目的的行為論には組しませんが、関西の伝統ある先生として尊敬しています（平場先生は、二〇〇二年六月二七日逝去、八五歳）。（ブログ二〇〇五・七・二〇）

中義勝先生の講義の録音

関西大学の中義勝先生のことについては、まえにこのブログでも書いたことがあります（二〇〇五年六月）。亡くなられて、もう一三年にもなるのですが、まだ当時の印象が深く心に残っています。

最近、中先生のお弟子さんであった川口浩一氏（現・関西大学教授）を通じて、かつて中先生が関西大学で刑法の講義をされたときの録音テープを編集したCDを入手することができましたので、早速、いささか緊張しながら、聴取しました。

いつ頃の講義か分かりませんが、独特のやわらかく包み込むような張りのある中先生のお声が身近に再現されることによって、先生の颯爽とした講義姿を彷彿として思い浮かべることができ、しばし感慨にふけりました。

講義のテーマは「行為論」で、因果的行為論や目的的行為論の説明がなされていますが、いずれも「不作為の行為性」を説明できない点に問題があるので、結局、行為概念としては「人の身体の動静」（佐伯）につきるというほかはないという趣旨の説明がなされています。その趣旨は、先生の教科書（『講述・犯罪総論』、一九八〇年）にも書かれていますが、講義では、実例をあげて、実に丁寧に、言葉の意味を明らかにしつつ、論理によって学生を説得するという手法が徹底してとられています。

中先生ご自身の学説にも変化が見られましたが、この当時から、佐伯説と平野説との関係が意識的に取り上げられ、私の見解にも言及して頂いていたことに、あらためて敬意を表したいと思います。もう一度、あの頃の論争問題を再現して、中先生から受けたご高恩に報いたいという気持ちになりました。（ブログ二〇〇六・七・六）

中義勝先生

中先生のボーリング

中義勝先生とは、長い間のおつきあいです。最初お会いしたのは、昭和二〇年代末頃の刑法学会関西部会の月例研究会の折りだったと思いますが、未熟な私には本格的な学究肌の先輩として映りました。その後、刑法読書会で親しくおつき合い頂くにつれて、われわれ兵卒にとってはたよりになる下士官としてこまごまとした指導をして頂くことになったのです。研究者として一人立ちする段階でのあの頃のことは、本当になつかしく今でもよく覚えています。

私じしんは、刑法解釈論を本格的に勉強しはじめたのはかなりおそいのですが、この分野で私の質問の相手になって下さったのはほかならぬ中先生でした。ちょうど刑法研究会がほとんど毎月東京で開かれていた昭和四〇年代後半の頃は、新幹線の中でも行きも帰りも質問をつづけて、実に多くのことを学びました。あとで先生といくつかの論争をするようになりましたが、その発祥はここにあったのです。

その頃は、毎年ぎりぎりの年末まで刑法研究会が開かれていましたが、いつでしたか終わってからみんなでボーリングをする機会がありました。平野先生のスマートな指導の下にはじまったのですが、中先生の慎重でゆっくりした動作と、動き出したボールの超緩慢なスピードの見とれているうちに、それが案外よく命中するごとに拍手したことを覚えています。機会があれば、もう一度先生を含めてボーリングをしてみたいものだと思います。

大病をなさってからも、先生はなお学問的な情熱を失っておられません。芭蕉がいつまでも旅にあこがれたように、先生の学問への旅がつづくことを確信し、私もその驥尾に付して努力したいと思います。先生のご健康を祈って筆をおきます。

（中義勝先生送別文集、一九九二年、関西大学法学会）

吉川経夫先生からの電話

最近は、東京在住の吉川経夫先生からときどき電話がかかってくる。舌がんにかかられたので、話される言葉に分かりにくいところがあるが、「中山君。吉川です…」とかかってくると、途端に安心感が湧いてきて、変幻自在な吉川節に乗せられた楽しい会話がはじまるのである。お互いに大学の現役を離れた古い世代であり、現状への批判に相槌を打つという展開になることが多い。

吉川経夫先生は、京都のお生まれで、京都一中、三高、京大法学部と進まれ、一九五〇年（昭和二五年）には京大法学部助手になられた。しかし、一九五二年には法政大学に転出されているので、一九五三年に京大に残った私とは、すれ違いに終わり、かなり長い間お会いする機会がなかった。親しくお付き合いするようになったのは、平野・平場両博士が「改正刑法草案」に対抗するために一九七〇年代に東西の研究者を結集して作られた「刑法研究会」の場であったが、吉川先生はすでに一九六〇年代から「改正刑法準備草案」の起草にかかわって、この問題には一貫して取り組んでおられた。おそらく現在では、刑法改正問題の歴史的な経緯についてもっとも精通されている第一人者であるといってよいであろう。

吉川先生は、一時期、音信不通の状態になっておられたが、日の丸・元号法制化問題で突如目覚められたこともあって、その信念には徹底した筋金が入っている。「敗戦」を決して「終戦」とは言わず、西暦以外の元号は決して用いないという先生の頑固さには敬服するほかはない。これでは、判例の検索に困るのであるが（判例は、明治、大正、昭和、平成の元号のみ）、元号では比較法に困るほか、とくに平成では西暦との換算に苦労することが多い。元号法制化の矛盾は深いことを、あらためて吉川先生から学ぶ必要を痛感するのである。（ブログ二〇〇五・七・二五）

吉川先生の訃報

九月二日の夕方、佐伯先生のご通夜の席で、はからずも吉川経夫先生の訃報を聞いて、またまた驚いてしまいました。佐伯先生亡くなれた前日の八月三一日だったそうです。

吉川先生については、このブログの昨年七月頃にも触れたことがありますが、今から思えば、奥様とご一緒に、京都駅前の新阪急ホテルのロビーでお会いしたのが、結局最後となりました。それ以上に、吉川先生のことが頭をよぎりますのは、最近になって、足立昌勝さんから二〇〇四年七月三日に行われた「吉川経夫先生『著作選集』出版記念会」のビデオが送られてきて、それを拝見したときの印象がなお強く残っていたからです。

九月三日になって、奥様にお電話しましたら、先生は、今年の六月ころから少し不調を訴えら

吉川経夫先生

れていましたが、八月になって腹水がたまって入院検査後、自宅でご療養中の八月二九日、奥様の手の中で「眠るよ」といわれたきり、まさに眠るように息をひきとられたと聞きました。病名が「膵臓がん」だったとお聞きして、私の家内のことを思い出しましたが、腹水がたまるという症状は同じでも、全身の苦痛にさいなまれるという痛々しい末期の症状が、吉川先生の場合には全くみられなかったと聞いて、安堵しました。

吉川先生とも長い年月の親しいお付き合いでしたが、佐伯先生と比較しますと、私どもの世代より少し上の、八〇をこえられたばかりの年齢ですので、まだまだ惜しい気がしてなりません。

このところ、立て続けに、佐伯先生と吉川先生を失い、一段と淋しさが身にしむ思いがします。残された者としては、先生方の残されたご遺志を何とかして後世に、とくに若い人達に伝えて行く責任があることを痛感している次第です。（ブログ二〇〇六・九・三）

熊谷開作先生のこと

最近、「聞き書き・わが国における法史学の歩み（三）―熊谷開作先生の法史学を語る」（同志社法学五五巻二号）の抜刷が送られてきた。これは、わが国の法史学の歩みを先輩研究者へのインタビューを通じて記録していくという企画の一環として行われたもので、一番弟子の山中永之佑さんほか二名によ

熊谷開作先生

る座談会の形式で編集されている。

私は法史学には門外漢であるが、熊谷先生の温厚な人となりとヒューマンな学問的態度に惹かれるように、興味深く拝見した。かくも良きお弟子さんたちを含む門下生をたくさん育てられた点だけからも、熊谷先生の人と学問の魅力を実感することができよう。

私と熊谷先生との直接の関係は、たしか私が大阪市大を定年退職前の平成元年（一九八九年）の秋に、龍谷大学を定年退職された熊谷先生から国際電話がかかり、新設予定の北陸大学法学部に来ないかという勧誘を受けたことから始まる。私は、とうとう先生の熱心さにほだされて、金沢まで出かける決心をし、先生と理事者との会談（京都タワーホテル）に何度か立ち会った。

しかし、翌平成二年（一九九〇年）の二月一七日、まさにこれからが本番というときに、熊谷先生は突然病に倒れ不帰の人となられた。六九歳とは今にして思えばまだまだの年齢である。私は当時六三歳であったが、その後、先生のご遺志をつぐ覚悟を決めて、七〇歳までの数年間京都から金沢まで通勤した。そこでは多くの得がたい経験をした。

その後は今日まで、毎年二月になると、熊谷先生宅を訪問することにしているが、奥様が私の恩師の瀧川幸辰先生の次女に当たられる方であるというのも、何か不思議なご縁があるように思われる。そして最近、法科大学院を受験中のお孫さんからもメールが届いた。（ブログ二〇〇五・一二・四）

熊谷開作先生とボアソナード

熊谷開作先生の一七回忌の法要が、二〇〇六年二月一一日、京都東山の建仁寺の開山堂の両足院で行われました。ご親族とともに、阪大や龍谷大で先生の教えを受けた「日本法制史」の専門家が多数集まられ、先生の学問的な影響力の大きさと、飾り気のない磊落なお人柄をあらためて感じることができました。

私は、専門は違うのですが、一九九〇年頃に、熊谷先生からのご依頼を受けて、金沢の北陸大学法学部の創設にかかわって、しばらくの間でしたが、連日お会いして意見交換をするという貴重な経験をしました。先生は、その直後に急逝されましたが、私は先生のご遺志をついで、一九九八年まで北陸大学に赴任しました。今となっては、懐かしい思い出であります。

建仁寺は、熊谷家の檀家寺で、お墓も境内にあるのですが、この建仁寺は、その名の通り、建仁二年（一二〇二年）に建立された禅宗臨済宗派の総本山で、八〇〇年の歴史をもつ京都の古いお寺です。広い敷地に由緒ある建物が立ち並び、とくに静かなたたずまいの日本庭園には心を洗われる感じがします。京都に住んでいながら、なかなかこのような古いお寺を訪れる機会もない毎日なので、久しぶりに古き良き京都を満喫しました。

ところで、その折に頂いた参考資料の中に、熊谷先生が一九六六年一月一七日の毎日新聞夕刊に書かれた「ボアソナードのこと」という文章があります。これは、先生が文部省の在外研究員としてスウェーデン・ウプサラ大学に留学された折の帰国談ですが、そこには熊谷先生の若かりし頃の顔写真とともに、南フランスのアンチーブにあるボアソナードの墓の写真も掲載されています。ボアソナードは、明治六年に来日し、司法省法律学校で法律学の講義をしたほか、日本の民法典をはじめ、刑法や刑事訴訟法の編纂にも参加し、明治初期の法典編纂に大きな影響力を与えた大法律家であったことは周知の事実であります。

熊谷先生の文章は次のように結ばれています。「『明治は遠くなりにけり』ともいわれるけれども、わたくしには、明治以降の諸制度の総決算がいま行われようとしているように思われてなら

ない」。（ブログ二〇〇六・二・一四）

唄孝一先生からの電話

一一月二日の午前八時頃に電話のベルが鳴り、こんなに早くと思って受話器をとったら、「東京の唄です」という声が聞こえた。医事法の大家であるが、もう長い間お目にかかっていないので、驚きながらお話をうかがうことになった。私よりも年上の大先輩なので、健康が気になったが、八〇を越えてあちこち問題をかかえつつ、それでも週に一回は北里大学まで出かけられているとのことで、声にもはりがあり、お元気そうに見受けられた。

用件は、やはり研究上のことで、一九九二年頃に「法律時報」に書かれた、アメリカのニュージャージー州の「生命倫理委員会」について、当時参照した英文の資料を見ようとしたら欠落があるので、私のことろにその資料がないだろうかという問い合わせであった。

私としては、一〇年以上も前のことであり、すぐには思い出すことができず、あってもどこにあるのか見当がつきかねますが、一度探してみますという返事をするほかはなかった。しかし、この件で、私のことを思い出して、わざわざ連絡して下さったことは、研究者として有難いことだと感謝せずにはいられない。

そして、今日の午前中、書庫で当時の資料探しをすることになったが、唄先生の法律時報の原稿と、先生の目にとまった私自身の雑誌論文を発見できただけで、肝心の英文資料は見当たらなかった。当時の拙稿とは、「脳死の拒否権を認めたアメリカ・ニュージャージー州の新法」（警察研究六三巻四・五号、一九九二年）であり、その中で上記の「生命倫理委員会」にも言及していた。そして結果的には、唄先生からの電話のおかげで、当時の私が、脳死・臓器移植問題について集中的に論文や著書を発表していたことを思い出すことになった（一九九二年だけで著書二冊と論文五本）。今よりは若く、元気のある頃のことであった。（ブログ二〇〇五・一一・二）

熊谷栄子様の訃報

九月のブログは、佐伯千仭先生と吉川経夫先生の訃報から始まりましたが、熊谷栄子様の訃報で終りそうです。近しい方々の訃報が続き、淋しさが新たにこみ上げてきます。

熊谷栄子様は、故熊谷開作先生の奥様ですが、私の恩師の故瀧川幸辰先生の次女にあたられる方で、最近まで親しくさせて頂いていました。

このブログにも触れたことがありますが、一番近いのは、今年の二月一一日に、熊谷開作先生の一七回忌の法要が、京都建仁寺の両足院で催された際に、出席してお目にかかり、お元気なご様子だったことを記憶しています。このとき、すでに手術後の状態で、病気は進んでいたことを後から聞いて、驚いた次第です。病名は多臓器不全で、享年八三歳とのことです。

私自身も年をとり、記憶が散漫になっているのですが、熊谷開作先生が亡くなられた後は、ご命日に当たる二月に、ほとんど毎年、北区大将軍近くのご自宅を訪問して昔話をすることが楽しい慣わしになっていました。その折の奥様の笑顔が忘れられません。

その上に、京大時代の瀧川ゼミ生の会（昭和二八年卒の旧制・新制合併組）を毎年一二月に京大会館で開催するようになってからは、熊谷栄子さまにもお声をかけ、二、三度ご出席頂いたことがあります。そのときの記録とともに、記念写真（八一頁参照）も残っていますので、懐かしい思い出を再現することができます。

九月二九日の午後六時から、建仁寺の両足院で、お通夜があるとの通知があり、お別れに出かけることにしていますが、電話で連絡したゼミ生のひとりが腰が悪くてといわれてみると、われわれの世代も年をとったものだとつくづくと実感させられるものです。（ブログ二〇〇六・九・二九）

一二　法科大学院について

法科大学院の現状

日本よりも一足遅れてロースクールの導入を決定した韓国の目から、日本の法科大学院の現状に対する評価は次のように冷静で厳しいことに注目すべきである。

「現在日本では法科大学院出汎後一年も経過しないうちに、早くも新法曹養成制度が動揺を見せはじめている。法科大学院終了生のわずか三割しか新司法試験に合格できないとの報道がなされてから、法科大学院志願者が軒並み激減している。より重要なことは、法科大学院終了者にとって新司法試験が依然として狭い門であるために、法科大学院が司法試験準備のための予備校化し、早くも法科大学院を中心とする「プロセスとしての法曹養成」という当初の理念が退色しかねないことである……」（柳赫秀「韓国におけるロースクール導入決定の内容と課題」法学教室二九三号七頁、二〇〇五年二月)。

最近の日本の報道でも、文部科学省の発表によって、昨年に開校し、二年目を迎えた法科大学院の今年度の入試で、志願者が前年に比べて約四割減少したこと、しかも定員割れになった学校も七四校中の四五校にのぼり、昨年の約三倍になったことが分かったとした上で、新司法試験の合格率が当初の想定よりも低くなりそうなことも不人気に拍車をかけているとみられると指摘されている(朝日新聞二〇〇五年五月二一日)。

ところが、不思議なことに、この問題に対処するための動きは、文部科学省からも法務省からも、また司法制度改革審議会の関係者からも、表面化していない。果たして、このまま放置してよいのかという問題を含めて、少なくとも、各法科大学院の現場の意見を聴取し、打開策を協議する場を設けるべきではなかろうか。誰が責任をとるのかさえ不明な現状が憂慮されてならない。(ブログ二〇〇五・五・二二)

「法科大学院出でて研究会亡ぶ」

最近の「戸籍時報」五八〇号(平成一七年二月)に、米倉明氏(早稲田大学大学院法務研究科教授)が、「法科大学院雑記帳(その一)」と題する特別寄稿文を掲載されており、その中に、「民法出でて忠孝亡ぶ」に続いて、今や「法科大学院出でて研究亡ぶ」という事態に陥っていると喝破されているのが目にとまりました。私もかねてからそのように感じていましたので、わが意を得たりと満腔の賛意を表する次第です。

私自身は、もう定年後の身なので、幸いにも直接の影響を免れており、現役の法科大学院の教授の方々に同情申し上げるほかないのですが、それにしても、現状があまりにひどいことに驚きの念を禁じ得ません。法科大学院の教員には恒常的に「研究の時間がない」。研究の時間が与えられない」というのは、何としても通常の理解を超えた異常な現象であり、しかもこの状態に改善の見込みがないというのでは、個々の研究者の悲劇というにとどまらず、わが国の法学研究全体に深刻な危機をもたらすおそれがあります。

私の周りの現役教授に声をかけても、法科大学院が忙しくてという挨拶がまず返ってきて、その忙しさの内容を具体的に聞いていますと、研究上の話題をしたり研究会への出席を誘ったりすることに気がひける思いをすることも稀ではありません。長らく研究会の常連であったある教授も、法科大学院に関係するようになってからはほとんど出席されなくなりました。今や研究会は、若い院生を除けば現役の教授の出席がとみに少なくなり、「法科大学院出でて研究会亡ぶ」という事態が進行しつつあります。

法科大学院の教授にも研究の時間を与えて本来の「研究者」になってもらわないと、法科大学院自体の将来も危なくなるでしょう。米倉教授の「続編」を楽しみにしつつ、法科大学院の内部

から「改革の声」が湧き上がることを期待したいものです。(ブログ二〇〇五・一一・一五)

反響に驚いています

米倉教授の文章を読んでブログに書きましたら、あちこちから反響があって、いささか驚いています。それぞれの立場からの発言を読みますと、いずれにもそれなりの理由があると感じました。私自身は一人の刑法研究者として、長年にわたって参加してきている月例「研究会」の出席者が少なくなりつつある現状を憂慮し、その原因のひとつとして、法科大学院の教員の仕事の忙しさがあるのではないかと思ったのです。したがって、法科大学院の教員が今の「教育」の仕事を犠牲にして「研究」に重点を移せなどと主張するものでは決してありません。

ただし、大学の教員である限り、教育と研究のいずれも大事にすべきであって、そのバランスと相互促進の効果をいかに維持していくべきかという重い課題は残っています。かつての古き良き大学では、教育面の負担が相対的に軽く、研究面への関心と時間的余裕に恵まれていたのですが、最近はこの関係が明らかに変化し、両者のバランスを維持することが次第に困難になってきているということができます。そして、法科大学院では、この矛盾がもっとも著しく現われているように思われるのです。

「法科大学院」の性格については議論のあるところですが、それが実務家養成試験のための予備校といったものでない限りは、実務家教員とは異なる研究者教員の役割があるはずで、研究者としての資質と力量が「教育」面に反映されることが期待されているというべきでしょう。そして、法科大学院の教員にそのようなプラスアルファを期待するのであれば、それに相応しい保障のもとで、いっそうの研鑽が要請されるということになるでしょう。

ただし、それ以前に、法科大学院の学生の希望と努力が報われるような未来図が描ききれないところに、根本的な制度的問題があることはいうまでもありません。(ブログ二〇〇五・一一・二一)

時代遅れの研究至上主義か

私の最近のコメントに対して、それは学生へのサービス精神を欠いた時代遅れの研究至上主義の思想のあらわれであり、実務を経験したことのない〝ぬるま湯にひたっていた〟一人の人間の甘えであるという厳しい批判を受けました。

そのような印象を与えかねなかった点は反省していますが、そのような評価は少なくとも私自身のこれまでの思想と実践とは違うものだと確信しているということだけは指摘しておきたいと思います。

私自身は、戦後当初の旧制大学と大学院で「学生」の経験をし、その後は大学の「教員」として、教育と研究に長年従事してきましたが、最近では客員弁護士として少しばかりですが実務にも関係しています。

その中で、私はむしろ「古い研究至上主義」から脱却して学生への教育指導の側面に力を入れるべきであることを次第に痛感するようになりました。講義の方法にも工夫し、前回の復習に資するような「自習問題」を配布し、短時間に解答させてコメントをするという方法も、かなり早くから取り入れていました(『口述刑法総論・各論』の付録、参照)。

一方、研究の面でも、研究の意欲と関心を喚起し持続させるために複数の「研究会」を組織し、これを最大限に利用することによって、年代と大学の相違を越えた研究者の自主的な連帯と協力を維持し発展させようと努力してきたつもりです。そして、刑法解釈学の範囲をこえた、他の領域との共同研究にも関心を持って参加してきました(選挙、労働、環境、医療問題などに関連する著書など、参照)。

ただし、私は批判的な立場から発言することが多いからでしょうが、当局の任命する審議会の委員などに選ばれた経験がなく、在野的な精神の表現にとどまっています。(ブログ二〇〇五・一一・二三)

「法学部廃止のすすめ」について

米倉教授は、法科大学院がスタートしたとなれば、法学部はもはや必要ではなくなり、廃止すべきなのではないかといわれるのである。しかし、そうなれば事は重大である。

教授によれば、法科大学院ができた後にもなお法学部を存続させて教育するという場合には、その教育内容は実体法と手続法のほんの「初歩」を伝授することによって「リーガルマインド」という思考パターンを養うということになろうが、それは他の学部でも可能であり、他学部卒業生であっても法曹を志望する者は法科大学院に入学すればよいといわれる。

また、法曹の独善に一般国民の側からブレーキをかけるとか、法律の普及を促進することも、法学部の存続によって図れるというわけではなく、それよりも法科大学院を充実させ、とくにその卒業生の大半が法曹資格を取得できることにして、法曹を大幅に増加させることによって、一般国民との接触をこれまでよりも格段に濃密にすることを通じて実現できるのではないか。今や大転換をはかるべき時期が到来しているといわれるのである。

しかし、以上のような主張は、「法科大学院の卒業生の大半が法曹資格を取得できる」ことを前提とした立論であって、その前提が保障されないまま、法科大学院制度の性格やその先行き自体になお不分明な部分を残している現状の下では、少なくとも時期尚早の感を免れず、にわかに賛成し難いように思われる。法科大学院が出来たことによって、法学教育が影響を受けることは明らかであるが、その場合にも、法学研究者養成機関としての大学院との関係のほかに、法学部との関係にも慎重な配慮がなされなければならない。この点についての当局の考え方、及びこれまでどんな議論があったのかということを私は寡聞にして知らないが、これらの情報を明らかにした上で、慎重な論議を重ねていく必要があると考える。

むしろ私見としては、法科大学院を各大学の法学部から切り離し、ブロックごとの連合大学院（八か所）として独立させるという方法が妥当ではないかと考えていたことを付記しておく。（ブログ二〇〇五・一一・二八）

新司法試験の合格者数について（一）

米倉教授の「法科大学院雑記帳」（その三）は、「新司法試験の合格者数について」、それが法科大学院制度の存亡に深くかかわる大問題であるとし、以下の三点が指摘されている。

一・政府の司法制度改革審議会が打ち出した構想では、合格率は七―八割とされたのに、法務省の司法試験委員会によると、初年度（二〇〇六年）の合格率は五割、次年度（二〇〇七年）は三割台だというのであるが、改革審が公式に打ち出した合格率を大幅に下まわる合格率を司法試験委員会が発表すること自体、奇怪なことではないか。司令塔が一本にまとまっていないのであれば、迷惑するのは国民、より直接的には法科大学院関係者である。

二、合格率は法科大学院学生のうち何割が卒業できるかによって変動するので、卒業者が少数であるほど合格率はおそらく高くなるであろう。しかし、二割を越える落第者が出ることは想像しにくいので、この方法には限度があり、このままでは合格率は低くならざるを得ない。

三、合格率が低く抑えられれば抑えられるほど、法科大学院発足の理想から遠ざかることになる。学生は試験科目以外には力を入れず、おそらく見向きもしまい。「豊かな人間性」「国際的視野」「法曹倫理」は合格してからということになる。

したがって、米倉教授の結論は、法科大学院が発足したからには、新司法試験の合格率は法科大学院修了者の七－八割とすべきで、さしあたり五〇〇〇名とし、試験の性格は競争試験ではなく資格試験とすべきであるといわれるのである。

以上は筋の通った立論で、おそらく法科大学院生を含む関係者の意見を率直に代弁したものといってよいであろう。しかし、責任があるはずの「司令塔」のいずれからも公式のコメントが全く聞こえてこないというのもますます奇怪なことではあるまいか。

この問題は、法曹養成にかかわる重要な問題として、国会の場でも取り上げられるべきではないかと思われる。（ブログ二〇〇五・一二・一）

新司法試験の合格者数について（二）

この問題についての米倉教授の意見を紹介したら、また反響があり、関心の幅と深さを改めて実感することになった。そこで、今年の一〇月一一日の法務委員会の議事録を参照して見た。そこでは、民主党の高山議員の質問に答えて、法務大臣官房司法法制部長の倉吉敬氏（政府参考人）が、以下の二点を指摘している。

一・司法制度審議会が述べたのは、法科大学院が厳格な成績評価と修了認定をすることを不可欠の前提とした上で、例えばその約七―八割が新司法試験に合格できるような充実した教育を行うべきであるというものであって、法科大学院の卒業者の七―八割が必ず合格することを保障するという趣旨ではない。

二・具体的にも平成一八年の第一回試験では、法科大学院修了予定者約二〇〇〇人のうち約九〇〇―一一〇〇人の合格者が予定されているので、その約五―六割が合格することになる。

しかし、以上の二点をそのまま認めたとしても、果たしてこれまでの疑問が解消するであろうか。第一に、法科大学院の定員が約六〇〇〇人、司法試験の合格者数の最大限が約三〇〇〇人という絶対数が変わらない限り、七―八割どころか五―六割も無理であり、次年度（二〇〇七年）以降は三割台になることは必定である。それでも、七―八割が概数や目安として残るというのは幻想である。第二に、在来の司法試験の合格者が圧倒的に上位五校の大学に集中する傾向がすでに定着している現状の下で（上位五校だけで全体の六割を越える）、新司法試験の合格者にも同様な傾向が現われるとすれば、法科大学院間の格差が歴然たるものになるおそれが強いことが心配でならない。（ブログ二〇〇五・一二・三）

法科大学院の改革提言

二〇〇七年四月号の「法学セミナー」誌の中で、宮沢節生・大宮法科大学院教授らが、「入学定員の一律三割削減と三、〇〇〇人合格の同時かつ迅速な実施を」と題して、シュミレーションによる緊急提言をなされているのが目にとまりました。それは、現状をこのまま放置すると、例えば約七―八割の者が新司法試験に合格できるよう充実した教育を行うことが可能であると想定されていた「プロセス」としての法科大学院の理念が崩壊し、大量の新司法試験不合格者が発生することによって社会問題が発生するという危機感に裏づけられたもので、それ自体としては、きわめて説得的なインパクトを含んでいるように思われるのです。

例えば、二〇〇六年度の新司法試験の合格率は五〇％を割っており、二〇〇七年度には三〇％台まで下がることがほぼ確実に予見できるというのですから、これは、法科大学院の院生のみならず、教員や大学にとっても、きわめて憂慮すべき事態であることは明白な事実です。

ところが、現場の教授陣に聞いてみても、このような提案、とくに法科大学院の定員の削減という点については、その現状を抜本的に変えることは、すでにきわめて困難な状況にあるといわれるのです。しかも、このままでは、展望がないことがわかりつつ、自然淘汰に待つというのも無責任だという白けた状況の中で、各法科大学院ごとに合格率を競い合うというジレンマが続くことは悲劇的であるとさえ思われます。

一方では、法科大学院は出たが新司法試験に受からなかった大量の不合格者の新たな就職先を開拓するという方策も考えられますが、その具体的な解決策も容易でないところに、この問題の深刻さが現れているといえるでしょう。

しかし、少なくとも、大きな法科大学院がその定員を漸次削減するという方向をとらない限り、かつて少数の有力な大学が司法試験の合格者の大部分を占めていたという状況に帰ってしまうのではないかというおそれがあります。(ブログ二〇〇七・三・二五)

一三　若狭の賢者

若狭の賢者（一）

最近亡くなった妻の祖父にあたる「乾長昭（いぬい・おさあき）」について、平泉澄著『山河あり（全）』（平一七、錦正社）の中に、「若狭の賢者」として紹介した一文があるのを発見しましたので（二一四頁以下）、その内容を何回かに分けて紹介したいと思います。

「賢者の遺宅である仙崖荘…の奥の六畳の間、床に写真をかかげて祭ってありますのは、今は亡き此の家の主人、里人の恩師と仰いで、敬慕してやまない乾長昭先生であります。先生は佐土原藩士乾満昭の子、慶応三年九月一〇日、鹿児島で生まれられましたが、父が国幣中社若狭彦神社の宮司を拝命せられましたので、従って若狭へ来、ここで成長せられ、遠敷郡遠敷小学校を卒業し、進んで京都第一中学校に学ばれましたが、その後北海道に渡って開墾に従事しつつ苦学し、東京法政大学を出て長野県に奉職し、更科・佐久・北佐久の諸郡に郡長として歴任した後、大正一〇年退職、やがて少年時代の想出なつかしい小浜へ帰り、恩給で暮らしている身が、遊んでいては申訳がない、君恩に報じ奉る一端にもと、縁ある人々に学を講じ、徳を勧められたのがもとで、遂に下夕中の里人に迎えられて、此の仙崖荘を建てて此処へ移り、しづかに道を講ずること約一〇年、昭和一三年一月一九日、七二歳にして永眠せられたといひます。

講筵の開かれたのは、一週に四回、すべて夜分でありました。昼は終日、鍬をとって田畑を耕し、夜になると講義を聞いたといひますが、講義には四書、特に論語が多く用いられたとの事です。何分にも僻地の農村で、村の人々は小学校の教育だけしか受けていないのでありますから、それには四書は随分むつかしく、難読難解であれば自然砂を嚙むような気がしなかったかと、普通ならば想像せられ心配せられるところでありますが、実際はさにあらず、人々は先生の指導によってよく古典を理解し、その醍醐味を味って、日暮れては鍬を棄てて仙崖荘に集まる事を楽しみとし、一週に四回といへば多すぎるかと思われるのに、寧ろそれを少なすぎるように感じ、よろこんで来り集まったのでした。中には峠を越して隣郡の倉見村から通った人もあるといひます…」。（ブログ二〇〇六・六・一一）

若狭の賢者（二）

平泉澄著『山河あり（全）』の続きは、次のように記しています。

「先日迎えてくられた人の中に、田辺さんという婦人がありました。この人も無論小学校だけしか出ていないのですが、一四歳の時から仙崖荘の講筵に列し、先生の教へられた如是観などは、全文を暗誦していると伝聞していましたので、特にたのんで読んで貰いましたが、いかにもあざやかに理解し、記憶し、一字も誤らずに朗誦せられました。如是観その他、先生の作られた詩文を、大抵のお弟子たちは、先生に書いていただいて、立派に表装し、美しい箱に収めて秘蔵していまして、私の参りました機会に持参してみせてくれられましたが、その扱ひの鄭重なる事、昔の藤樹先生の筆蹟に対して示した人々の態度と同一でありました。

念の為に、少しく如是観の文を掲げませう。

『望浮雲之富貴、冀槿花之栄華、断競断争無寧日、老而終不得安処、死而空為青山之土了、是為群生之常態也、白眼観世間来畢竟太俗生、覚者則理智明灼越生死、而心無擬無苦悩、崇高之偉蹟長不滅、荘厳之霊光燦照千古矣、於乎覚者群生天性固是同一、而一煩悶一悠悠、相隔遠哉、』（下略）

一四歳の少女が、之を読み、之を解し、之を楽しむに至るといふは、非常の事であります。今の教育学、児童心理学の夢にも知らざる世界であります。かしくて昨日までは、低俗浮薄の俗謡の歌はれたところに、これよりは論語の暗誦が始まり、下夕中を中心とする附近の村々は、礼儀礼節の郷と化したのでありました」。

「先生の亡くなられたのは、前にも述べましたように、昭和一三年一月一九日の事でありますから、今から一七、八年も前に当ります。しかるにお弟子たちは、毎月一九日、先生の命日を迎へるたびに、ここに集まって、先生の遺影を拝し、遺訓を拝読し、戦争の激しかった時にもこれを欠かさず、戦後混乱の日にも之を廃せず、以って今日に至っているのであります。そして今も先生の遺影の前に出て、もしくは談ひとたび先生の事に及べば、必ず膝を正し、正座せずには居ませせぬ。『先生は安座せよと言はれたが、お許しが出ても、とてもとても膝が崩せるやうなものではありませぬでした。それで夜ふけて帰る時、座敷をすべり出て、縁側をあるく時には、誰も彼も足が言ふ事をきかず、足の甲であるいていたものです』と、楽しげに語るもでした」。(ブログ二〇〇六・六・一二)

若狭の賢者(三)

平泉澄氏が若狭の僻地に「仙崖荘」を訪問し、前述のような手記を書かれたのは、昭和三〇年

家内とともに若狭の賢者の門人関係者を訪問（2000年頃）

（一九五五年）のことですが、これを読んで驚嘆した地元の一青年が、昭和五七年（一九八二年）に仙崖荘を訪れたときの手記も記録されています（永江寿夫「天地宇宙　汝にあり―若狭の小さな村にて―乾長昭先生のご事蹟」一滴の会・一滴第七一号、一九九四年）。

その中には、仙崖荘はどこかと訪ねたおばあさん（津田静子さん）が、先生の書かれた詩文を立派に表装された御軸や、先生自作の「如是観」などを自宅に秘蔵されていたのを見せてもらって、身震いするほどの感激を覚えたこと、そしてそのことを平泉先生に報告したら、その経験を大切にしなさいという返事を頂いたことなどが生き生きとした体験談として書かれており、中島義明氏が長く大切に秘蔵されていたと言われる何枚かの書や額などの写真も掲載されています。

ところで、私自身も、家内や子供とともに、何回か若狭の「仙崖荘」を訪れたことがあり、何日か宿泊した経験があります。その後長く中断したままになっていましたが、最近、家内が亡くなった後、改めて訪問する機会がありました。仙崖荘は、もう使用できない状態ですが、大切に保存されていました。当日、集まって下さった数人の方々は、いずれもかつて自ら講義を受けたお弟子さん達の子供の世代に当たり、どなたももうかなりの年配の方々でした。直接のお弟子さん達はすでに亡くなられていますが、当日見えた数人の中で一番年配の井上松雄さんは、お母さんのお腹の中にいるときに講義を聞いたといわれ、先生の遺訓をとうとうと語られたのには、心底驚きました。

さきほどの体験談の筆者である永江寿夫さんも、今は若狭町の教育委員会の事務局におられますので、直接にお目にかかって、仙崖荘の保存を含む「若狭の賢者」の業績の蒐集に協力して頂くよう、皆さんと一緒にお願いしました。これからも、ときどき若狭を訪問して、資料の蒐集と保存に努めたいと念願しています。(ブログ二〇〇六・六・一四)

仙崖荘の涼風

過日、福井新聞小浜支局の記者から電話があり、私のブログのなかの「若狭の賢者」の紹介文を見て、現地にある「仙崖荘」を見学し当時の弟子の子孫の方々とも会ってみたいと思うので、

若狭の賢者の墓参り（2000年頃）

できれば同道してほしいという依頼がありました。そこで、八月の墓参をかねて、急遽若狭まで出かけることになりました。

八月三日の早朝に家を出て、近江今津まで湖西線に乗り、そこまで迎えにきてくれた記者の車で、夏山の谷間に沿って若狭まで通り抜けました。午前一〇時半ころに到着した頃は、もう北原さんなど現地の親しい門人関係の数人の方々が仙崖荘の戸や窓を開けて、中で待機しておられました。

私自身も仙崖荘の中に入るのは久しぶりでしたが、築後すでに八〇年の古い家のなかにはほとんど家財道具もないのに、床の間に掲げられた乾長昭氏のかなり大きな写真がなお訪問者の目をひきつける魅力と緊張した臨場感を与えるのが不思議です。集った皆さんで資料を持ち寄って、建物と記録の保存方法を相談したのですが、話はいつしか昔に及び、親や兄弟などから伝え聞いた昔々の思い出話をあたかも自分自身の体験談のように、目を輝かして語られる姿には、改めて驚きのほかありませんでした。記者も強い印象を受けた様子でした。

とくに仙崖荘に近隣の人たちが集ったのは、昭和二（一九二七）年から昭和一三（一九三八）年までの約一〇年間という古い古い時代のことであり、昭和三〇年頃に平泉澄氏が訪問して「若狭の賢者」のことを紹介されてから数えても、現在まですでに五〇年を経過しているという時代の長さに注目しなければなりません。平成一八（二〇〇六）年の現在でもなお、門人の子孫たちが仙崖荘に集って、賢者の墓所とともに維持管理を続けているというのは、尋常のことではないのです。

戸外は真夏の暑さでしたが、仙崖荘の中を通る風は涼しくさわやかでした。（ブログ二〇〇六・八・八）

昭和三〇年当時の仙崖荘

若狭の仙崖荘ばかりにこだわっていますが、三日に訪問した際に、門人一家の北原さんから、昭和三〇年当時の仙崖荘について書かれた新聞記事を見せて頂きましたので、その内容を記録として要約・紹介しておきたいと思います。

国道27号沿いの高台にひっそりとたたずむ仙崖荘＝若狭町下タ中で

これは、昭和三〇年（一九五五年）四月六日付の中部日本新聞（福井版）の記事ですが、その中には以下のような記載が見られます。

乾長昭氏は「若狭聖人」といわれた賢人だった。同家の系図によると、清和天皇の孫経基王の末孫で源満仲公の三四代目にあたるという。昭和二年六〇歳のとき遠敷群上中町下タ中区の小丘にいほりを建て仙崖荘と名づけて老後の余生を送った。ここで当時の区民らに「人生いかに生くべきか」の哲理を教えたのが実を結び、同氏の死後も毎月一回、命日にあたる一九日に六〇余名の農家の人達がいまもなお野良着姿のまま集って修養の道を励んでいる。

慶応三年九月一〇日出生の乾氏は、伝記によると六歳で実父満昭氏から漢学を学び一六歳で独立、和漢の古典百巻を読破、東都に遊学して法政大学法科卒業後は仏教哲学を研究して真理をきわめたとある。下夕中区酒類販売業北原文左衛門氏らのすすめで昭和二年ころから他界した昭和一三年一月一九日までの一〇余年間、八幡山を背に美しい樹木に囲まれた仙崖荘で希望者を集めて哲学講座を開き、モンペ姿の純朴な農夫がつめかけて百ブツ（勿）訓、如是観、正信ゲ（偈）阿弥陀経など、宗派に関係なく難解な仏典をかみ砕いてわかりやすく聞かせた。むつかしいもの、わからないものをありがたがる盲従的な観念は強く排撃した。……三方郡十村地方からも熱心な青年男女が集り、多いときには受講生は百余名に達し、六畳二間の仙崖荘は人ガキで埋まったほどだったという。

以上が当時の記事の内容です。おそらく最大の疑問は、小学校卒業程度の教育しかない農民にどうして仏教や哲学の難しい経典の内容が理解できたのか、そんなものになぜ興味を抱いて自発的かつ継続的に勉強するようになったのかという点にあるでしょう。今回、門人の子孫の方にその点を質問してみたら、話の内容よりもむしろ師の人柄を慕って集り、その教えを一生懸命に勉強したのだろうということでした。そこには、今日の教育にとっても考えさせられるものが含まれているように思われます。（ブログ二〇〇六・八・八）

仙崖荘訪問

一一月八日（水）に「若狭の賢者」の庵を訪問しました。湖西線に乗って、琵琶湖の西岸の秋の風景を楽しみながら近江今津に着き、迎えて下さった北原さんの車で若狭に向かい、仙崖荘に着いたら、もう数人の門人関係者が待っておられました。若狭町教育委員会の永江さんのほか、福井新聞の岩城記者も見えていました。

前回の八月三日の約束にしたがって、門下生などの名簿作り、乾長昭氏の遺品や記録類の蒐集と整理などの点について熱心に懇談しましたが、その様子を床の間の「お写真」がじっと眺めておられるというのが当日の「仙崖荘」のユニークな風景でした。

今回、ひとつ大きな収穫がありましたのは、「乾先生（仙崖荘）の門下生名簿」という形で、昭和五二年一〇月当時、かつて門下生の一人であった岡本参二朗氏が残されたメモから、当時の名簿の一部が立派に復元されたということです。これは貴重な資料ですが、その中には、大正一〇年四月から昭和七年三月までの約一〇年間にわたる講義の受講生の名前と当時の年齢まできちっと記載されています。仙崖荘は昭和のはじめに建立されていますので、大正年間は、「北原宅」とか「岡上宅」とか、門人の家が講義の場所として記載されています。たとえば、大正一一年四月の会は「北原宅」で参加者は三四名にも達し、上は七八歳の男子から下は一九歳の女子まで含まれています。そして、このメモを作った岡本参二朗氏自身は昭和五年一月の会に一九歳でその名を登録しています。

この名簿については、昭和七年以降の集会の日時および参加者の名が欠けているのが残念で、これが何らかの形で補充できることを期待しています（長昭氏は昭和一三年没）。

なお、新しい課題として、長昭氏の父にあたる「乾満昭氏」が「先師」と呼ばれ、若狭彦神社の宮司として著名であったこととの関係で、この親子関係をもっと調べる必要があることを痛感しました。そして現に、上記の門下生名簿には、年月不詳としつつ、この「先師」の講義の受講生の名が、何と四〇名も記載されているのです。これは、驚くべきことで、若狭の賢者は親子ともにこの地で門下生を集めて連続して講義をしていたことになります。

私は、懇談会の後、乾長昭氏の設計・建立にかかるお墓にお参りしてから、同じ道を通って帰京しました。（ブログ二〇〇六・一一・一〇）

先師・乾満昭氏のこと（一）

若狭の賢者・乾長昭氏の件で遺品や記録類を集めているうちに、その父君にあたる乾満昭氏のことについても書き残しておく必要があることに気付きました。長昭氏の講義を聞いた村人たちは、満昭氏を「先師」として崇拝し、その講義録も残っています。しかし、村人たちがその講義を直接聞いたという記録はないようです。

乾満昭氏の経歴に関しては、以下のような記述があります。

天保 六 年 九 月一三日　誕生　薩摩（鹿児島県）
明治 七 年 五 月二八日　任出雲神社権宮司　丹波国　教部省
明治 九 年 七 月二三日　任広田神社少宮司　摂津国　教部省
明治一一年 二 月 一 日　任吉田神社宮司　京都　内務省
明治一一年 三 月二一日　兼補中講義　内務省
明治一二年 三 月二一日　兼補大講義　内務省
明治一二年 九 月 四 日　任気多神社宮司　能登国　内務省
明治一三年一一月二三日　兼補権少教正太政官
明治一五年一二月二〇日　叙従七位　宮内省
明治一六年 五 月 七 日　任若狭彦神社宮司　若狭国　太政官
明治二一年 七 月 三 日　満昭自筆松鷹遠山図献上賜天覧依
白性子地一匹下賜セラル
明治二六年一〇月二六日　叙正七位
明治二七年 二 月一六日　依願免職

明治四〇年　三月一八日　没　享七三歳　東京都赤坂区青山立山墓地へ葬ル

なお、満昭の妻は、山城国淀藩士古沢氏長女、千鶴子、弘化元年一二月一八日誕生、大正一五年一二月三〇日逝去、享年七八歳、近江国下坂本村盛安寺に葬るとあります。そこは、乾家の菩提寺で、私の妻も眠っています。（ブログ二〇〇六・一一・一九）

先師・乾満昭氏のこと（二）

乾満昭氏については、今から一年前の平成一七年一一月二〇日に竜前公会堂で、赤坂全二といわれる人（九〇歳の高齢とか）の特別講演会があり、そのレジメの中に「明治時代乾満昭宮司の人となりについて」という項目が含まれています。そして、「乾満昭氏顕彰碑」と題する文章には、以下のような趣旨の記述があります。

若狭一の宮は、明治四年五月一四日、国弊中社に列せられたが、神社分離の嵐の中でその維持に困り、その後一〇年ほどの間に、神域も荒れ放題であったところ、勅任官の宮司として着任されたのが乾満昭氏であります。碑文によりますと、乾氏は薩摩（鹿児島県）の産で、清和天皇の曾孫正一位源満仲（大江山で酒呑童子を退治した源頼光の父君）の三二世の曾孫で、人となりは公平無私、上をおもねず、下をしのがず、豪胆、しかも知略あり、大変な人格者であったと刻まれています。着任されるや、社殿、神園の荒蕪を痛嘆し、翌年一月雪犯上京し国費の支出を求め、時の政府は国費多端の中にあったがその誠意を認め、国費支出を決したのであります。……地域の氏子は、氏の偉業功績を顕彰し、後世に残さんとし、明治二〇年三月にこの碑を建立したのであります。

なお、以上のほかにも、大正一五年五月一五日付の古いメモ（筆者不詳）には、「（乾満昭氏は）退職後東京赤坂区高樹町一二番地に住居す姿性剛健自らを持すること厳正祖先累代の遺志を継承して深く仏学を修し大乗の法を説き貴神庶人の教えを受くる者多く敬慕やまず其死後既に一七年を過ぐるも墓前香華を絶たず其墓碑は伯爵堀田正倫田中久左衛門等を始め在朝在野の弟子の建つるところなり」という記述があります。

問題は、先師・乾満昭氏の氏子と弟子たちの帰趨であり、それが乾長昭氏の弟子たちとどのようにつながっているのかという点の解明にかかっているといってよいでしょう。次回はできれば赤坂全二氏に面会したいと思っています。（ブログ二〇〇六・一一・二〇）

雪の中の若狭

二月一日から一泊二日の日程でまた福井県の若狭町まで出かけてきました。今回は、家内の祖

郷土史家赤崎全二氏と門人の子孫の皆さん

父の「乾長昭」氏の門人（の子孫）数名の方と遺品の収集や「仙崖荘」の保存方法などを相談するというこれまでの案件のほかに、近隣の小浜市竜前村におられる郷土史家「赤崎全二」氏（九〇歳）に面会して話を聞くというのが主要な目的でした。

公民館の部屋には、とても九〇歳の老人とは思えない矍鑠たる御人が待機されていて、「若狭彦神社に伴う歴史関係書」と題する文書をわれわれに配布された後、二時間近くも休みなく熱弁をふるわれたのです。これには、一同たまげてしまいました。その話の内容はきわめて豊富で、小浜の神宮寺（神仏習合）から奈良に送る「お水送り」の行事の説明から始まって、蓬莱寺に安置されている薬師如来像の由来と「応病与薬」の効能、廃仏棄釈に耐えた梵鐘の話、若狭彦神社と若狭姫神社との一対をなす若狭一の宮神社の由来とその幟字の解説にまで至り、そして最後に第三五代の若狭彦神社の宮司であった「乾満昭」氏の顕彰碑の話にまで及びました。この乾満昭氏はさきの乾長昭氏の実父に当たる人なので、この最後の点が一緒に出かけた門人たちの最大の関心事だったのです。

翌二日は、天候が一転して雪が降りしきるなかを、九〇歳の赤坂氏がわれわれを案内して、昨日の話に出た場所を実地に見学してまわるということになりました。薬師如来像を特別に見せてもらった後、梵鐘を鳴らし、乾満昭氏の顕彰碑を見た後、雪に覆われた若狭彦神社と若狭姫神社に参詣し、社務所で、現在の宮司さんと面会し、話を聞くこともできました。すべて赤崎氏の周到な準備によるもので、その力量とエネルギーには、全く心底から驚嘆しました。

再会を約束して別れましたが、また機会があれば会ってみたい魅力に満ちた御人でした。(ブログ二〇〇七・二・三)

雨の中の若狭

今年の二月に「雪の中の若狭」について書きましたが、五月一〇日の若狭行きは「雨と風」に見舞われました。帰りは、強風のため湖西線が不通になり、逆方向の敦賀行きに乗って、近江塩津から湖東を走る北陸線に乗り換えて、ようやく京都に帰りつきました。しかし、おかげで私の故郷の「余呉湖」のあたりの景色をめずらしく見ることができました。

今回も、若狭の賢者（乾長昭氏）の旧住居（仙崖壮）や墓の処理や遺品の収集などが話題となりましたが、とくに印象的だったのは、墓石は解体せずに、墓所を今後もお守りしてくださるというご婦人方の強い要望が出たことです。親の世代のご恩をいまだに忘れず、喜んで奉仕して下さる門人方の皆さんには、まことに頭の下がる思いがします。

秋には、仙崖壮にお別れをする会をした後で、建物を処分し、記念碑を立てるという計画が進んでいますので、これからも若狭に出かける機会が何回もありそうです。

なお、二月に訪問した際、九〇歳の赤崎さんが寄せて下さった詩文を、以下に紹介しておきます。門人の長谷さんがこれに作譜して、田辺米子さんと長谷さんの奥さんが吟唱したものを、テープに吹き込んであるそうです。

題　若狭に明治の賢者　七言絶句（先韻）

乾氏父子　作　卒寿　赤崎周山

起　若州　祖神　仕百年（じゃくしゅうのおやがみに　つかえてひゃくねん）

承　春寒　裔孫　拝社前（しゅんかんにえいそん　しゃぜんをたづねる）

転　碑頌　語時　幾星霜（ひしょうときをかたらん　いくせいそう）

結

賢者　遺風　永遠伝（けんじゃのいふう　とこしなえにつたえん）

平成一九年二月吉日

（ブログ二〇〇七・五・一〇）

ワルシャワの広場にて

一四　亡妻のこと

ブログ停止の個人的事情

四月から個人的事情でブログを停止すると書きましたら、何かあったのかと心配して下さる方がありました。少し落ち着きましたので、その間の事情を説明しておきます。

実は、私ではなく、私の家内の病状が悪化し、三月末の検査で膵臓がんの疑いが出てからは、四月三日に再検査して肝臓にも転移していることが分かり、その後は、家で自然療法をするという本人の意思にしたがって、介護の日々を送りました。しかし、病状は日に日に悪化し、とうとう四月一六日の朝七時二六分に永眠しました。全身に痛みがあり、とくに最後の二日間は痛みがはげしかったのがかわいそうでなりません。享年七八歳でした。

四月二〇日に家族葬をすませましたが、今はまだ呆然として何も手につかない状態です。この状態は日が経たなければどうにもならないだろうと思います。

私どもは、一九五八年六月七日に結婚していますので、ほとんど五〇年間も一緒に暮らしたことになります。あっという間の幕切れでしたが、せめて八〇歳までになるまで一緒にいたかったと悔やまれます。

私事を書きましたが、以上が個人的事情の中身です。

京都梨木神社にて（1958年〈昭和33年〉6月7日）

忌明け（五月二一日）が済んで、気持ちの整理が出来ましたら、またこのブログもできれば再開したいと考えています。いましばらくご猶予ください。（ブログ二〇〇六・四・三〇）

木曜わたしの食日記

昭和六三年（一九八八年）一二月八日の朝日新聞京都版の古い切り抜きを発見、そこには「木曜わたしの食日記」と題して、当時の私の家の食事のメニューが出ていますので、これを紹介しておきます。

八：〇五　サンマの塩焼き、ダイコンおろし、金時豆の甘煮、

〈自宅で〉　千枚漬け（自家製）、青菜のおひたし、ワカメのみそ汁、

ごはん一ぜん

一二：一〇　ハンバーグステーキ、ブロッコリー、カキ、

〈自宅で〉　野菜カレーポタージュ、みかん一個

一九：〇五　カツオの刺し身、芽コンブの酢のもの、かす汁、

〈自宅で〉　ツルムラサキのごまよごし、カボチャの煮付け、

ごはん一ぜん、ラ・フランス（洋ナシ）二切れ

新婚当時

「食生活は健康の源ですから、量は少なくても、たんぱく質、炭水化物、ビタミンなど偏らずに食べることにしています。妻がカロリー計算などして料理しているので、私はそれを食べるだけですが……。午前中から講義のある日は朝食を、午後からの日は昼食に重点を置いた食事になっています。家族構成が母と私たち夫婦の老齢家族なので、肉食は余り多くありません。……」。当時、私は六一歳。今から一七年も前のことです。（ブログ二〇〇五・五・二八）

六月二日

しばらく休んでいたブログを今日から再開することにしました。

まだ私事を引きずっていますが、今日六月二日は、亡妻の誕生日です。大阪に出た帰りに、阪急百貨店で誕生祝いのケーキを買ってきましたが、肝心の本人がいませんので、近所の親しい奥様に来てもらって、ささやかな誕生会をしました。これからは、毎年、死亡した四月一六日とともに誕生した六月二日も忘れずに記念したいものだと考えています。

一人暮らしにも、たいぶ慣れましたが、まだ気分が落ち着かず、なかなか前向きのリズムに乗れないでいます。外出してもすぐに家に帰りたくなるというのも、おかしな心理現象です。

研究生活は中断したままで、気を紛らわすために、家の内外の片付けものをしていますが、その中から過去の思い出の品などを発見することがあります。

五月二七日と二八日には、刑法学会が立命館大学で開かれましたので、思い切って顔を出しましたが、多くの友人と会うことによって、だいぶ元気を取り戻しました。しかし、研究報告を聞いている間に居眠りをしたりして、まだ体調も本調子でないことを自覚しました。

今日はまず、お悔やみ頂いた「千の風になって」という詩（歌）の一節をかかげておきます。

私の墓の前で　泣かないでください
そこには私はいません　眠ってなんかいません
千の風に　千の風になって
あの大きな空を　吹きわたっています

秋には光になって　畑にふりそそぐ
冬はダイヤのように　きらめく雪になる
朝は鳥になって　あなたを目覚めさせる
夜は星になって　あなたを見守る

私のお墓の前で　泣かないでください
そこには私はいません　死んでなんかいません
千の風に　千の風になって
あの大きな空を　吹きわたっています
千の風に　千の風になって
あの　大きな空を　吹きわたっています
あの　大きな空を　吹きわたっています

（ブログ二〇〇六・六・二）

六月七日

六月二日にブログを再開したのですが、まだ前向きにものを考えて何か書くという気分になれないままに、六月七日を迎えました。今日は、亡妻の直子との結婚記念日なのです。

私どもは、昭和三三年（一九五八年）の六月七日に結婚し、京大の楽友会館で披露宴を催しました。当時はまだビデオ録画の技術は未開発でしたが、友人に八ミリカメラをもっている人がいて、撮影したものを編集してもらったものが残っており、当時の模様を偲ぶことができます（ただし、白黒で無声）。当時の出席者のうち、平場安治先生、宮内裕先生をはじめ、すでにかなり多くの方々が亡くなっておられます。

すでに、五〇年ほども前のことですが、当日の披露宴に出席してくださった方々の「寄書き集」の中に、いまもなおご健在の佐伯千仭先生（九八歳）が当時書いて下さっていた以下のような文章があることを思い出しましたので、この機会に書きとめておきます。

初め　蜜のごとく
中頃　飯のごとく
終り　空気のごとし

すでに早く奥様を亡くされた佐伯千仭先生のご健勝にあやかり、空気のごとく生きていきたいと念願しています。(ブログ二〇〇六・六・七)

ママの育児日記

今日は六月一六日。家内が亡くなってから二か月目の命日に当たる。まだ足が地につかないで浮遊している感じの毎日が続いている。気を紛らわすために片付けものをしていたら、家内の古い「育児日記」を発見した。それは、昭和三五年(一九六〇年)五月一日から翌三六年(一九六一年)八月二七日までの約一年半ほどの期間に及んでおり、二人の子育ての細かい記録である。

ここでは、「若狭の賢者」との関係で、長男を連れて若狭の仙崖荘に滞在した期間(三五年八月一四日から九月一〇日まで)の日記のなかから、本人の推定的同意の範囲内で、いくつかのメモ書きを抜粋し、当時の思い出を再現しておきたい。

「八月一七日　水曜日　晴　今日もまた、樋口さんに午前中だけ、坊やをあずける。夕方、涼しくなってから、大お祖父様のお墓参りに出かける。大祖父様、何卒、坊やが元気で、おりこうに大きくなりますように……と。帰りに北原さんへお土産をもって寄ると、北原さんの小母さんも『何したいい坊ちゃん』と云ふ。この辺りでは、まだ男児を重んじて喜ぶ風が見えて、男児大いに鼻の高いところだ。」

「八月一九日　金曜日　晴　今日は、大祖父様のご命日で、夜、門人の人達が沢山集まるというので、ママは、お供えをかねて、にぎりずしを一〇〇個ほども作る。そして、樋口さん、田辺さん、小畑さんへも配る。夜、皆やってきた。坊やは神妙に落ち着いている。『徳があってヨナ⏐』と皆は感心する。いくら親バカチャンリンのママでもこれだけはネコカブリと判っていて苦笑する。パパが安保条約改定の話をなさる。おばあちゃん達には無理らしい。コックリ、コックリ……。」

家内と長男一郎、長女葉子

「九月五日　月曜日　雨後曇　今晩は多門会。一七人ばかり集った。パパが「幸福への技術」という本の紹介をされる。坊やは神妙に、お利口そうにパパのひざの上で、皆のあいさつを受けて、ほめられている。パパのお話の最中、ママのところでお菓子をパクパクやったので、お腹が少しおかしくなちゃった。皆、夜八時ころ解散。後に、北原、津田、岡本さんに、小畑が

家内（1997年〈平成9年2月〉、京都都ホテルにて）

残って、おじいさまの書物のことなどを話して、一時になる。」（ブログ二〇〇六・六・一六）

亡妻の一周忌

四月一六日は、亡妻の一周忌に当たります。あらためて、昨年の今ころの記憶がよみがえり、複雑な心境です。昨年の正月には、東京から来た孫娘と一緒に、三人で歩いて長岡天満宮の公園を通り抜けて、妻の母（九九歳）のいる特別養護老人ホームを訪問し、みんなで写真をとったものが証拠として残っています。

二月、三月となるにつれて、体がだるい、痛いといって、ベッドに横になることが多くなりましたが、主治医からも息子（医師）からも別段の危険は予告されず、ようやく三月末に診察に行った際に、お腹の精密検査をすすめられ、その検査をするまでは、ことの重大性に全く気がついていませんでした。そして、医師から検査の結果を聞いたときも、本当のことを言ってよろしいかという質問に、気軽に「どうぞ何でも」と答えていたのです。医師は、「膵臓がん」という病名は言わずに、この病院では治療が不可能なので、ホスピスの病院を紹介しましょうかと言った瞬間に、妻も私も仰天し、妻は「私はいつから末期になったのですか」と聞き返しました。そのときの衝撃の瞬間が、どうしても忘れられません。

妻は、自宅での自然療法を希望しましたので、いろいろな方法を試みて介護に専念しましたが、病状の進行が予想以上に早く、あっという間の二週間で、燃え尽きた感じです。日に日に痛みが強くなりましたが、処方してもらった麻薬を飲むことは拒否し、痛みに耐えながらの最後でした。検査が原因だったという妻の嘆きが当たっているような、病状の激しい変化でした。

それが、最後の別れでしたが、それまでの長い過去の思い出を心に秘めながら、明一五日に、子供や孫達とともに、一周忌の法要に菩提寺とお墓に出かけることになっています。（ブログ二〇〇七・四・一四）

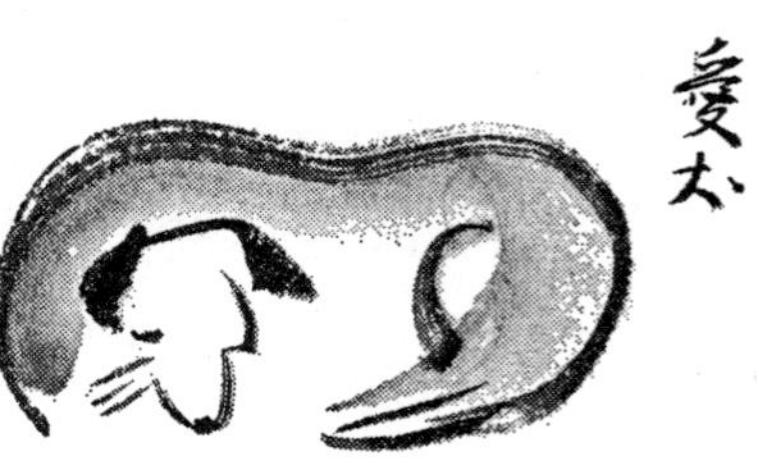

〔著者紹介〕

中山研一（なかやま・けんいち）

一九二七年　滋賀県に生まれる

一九六八年　京都大学法学部教授

一九八二年　大阪市立大学法学部教授

一九九〇年　北陸大学法学部教授

一九九八年　退職

京都大学・大阪市立大学名誉教授

法学博士（京都大学）

著　書

ソヴェト刑法（同文書院　一九五八年）

ソビエト法概論・刑法（有信堂　一九六六年）

因果関係（有斐閣　一九六七年）

現代刑法学の課題（日本評論社　一九七〇年）

現代社会と治安法（岩波新書　一九七〇年）

増補ソビエト刑法（慶応通信　一九七二年）

刑法総論の基本問題（成文堂　一九七四年）

口述刑法各論（成文堂　一九七五年）

口述刑法総論（成文堂　一九七七年）

ポーランドの法と社会（成文堂　一九七八年）

刑法の基本思想（一粒社　一九七九年、増補版　成文堂　二〇〇三年）

刑法各論の基本問題（成文堂　一九八一年）

刑法総論（成文堂　一九八二年）

刑法各論（成文堂　一九八四年）

選挙犯罪の諸問題①（成文堂　一九八五年）

刑法（全）（一粒社　一九八五年）

大塚刑法学の検討（成文堂　一九八五年）

刑法改正と保安処分②（成文堂　一九八六年）

アブストラクト注釈刑法（成文堂　一九八七年）

脳死・臓器移植と法（成文堂　一九八九年）

争議行為「あおり」罪の検討③（成文堂　一九八九年）

概説刑法Ｉ（成文堂　一九八九年）

概説刑法II（成文堂　一九九一年）

刑法の論争問題④（成文堂　一九九一年）

脳死論議のまとめ（成文堂　一九九二年）

わいせつ罪の可罰性⑤（成文堂　一九九四年）

刑法入門（成文堂　一九九四年）

脳死移植立法のあり方（成文堂　一九九五年）

刑法諸家の思想と理論⑥（成文堂　一九九五年）

ビラ貼りの刑法的規制⑦（成文堂　一九九七年）

安楽死と尊厳死⑧（成文堂　二〇〇〇年）

臓器移植と脳死（成文堂　二〇〇一年）

判例変更と遡及処罰⑨（成文堂　二〇〇三年）

新版　口述刑法総論（成文堂　二〇〇三年）

新版　口述刑法各論（成文堂　二〇〇四年）

心神喪失者等医療観察法の性格⑩（成文堂　二〇〇五年）

心神喪失者等医療観察法案の国会審議⑪（成文堂二〇〇五年）

（〇数字は刑事法研究の巻数）

定刻主義者の歩み

2007年11月10日　初版第1刷発行

著　者　中　山　研　一

発行者　阿　部　耕　一

〒162-0041　東京都新宿区早稲田鶴巻町514

発行所　株式会社　成　文　堂

電話 03(3203)9201(代)　FAX 03(3203)9206

http://www.seibundoh.co.jp

製版・印刷　㈱シナノ　　製本　佐抜製本

ISBN978-4-7923-7081-7 C1095　検印省略

定価（本体1800円＋税）